# Empirische Sozialforschung mit Python

Markus Feiks

# Empirische Sozialforschung mit Python

Daten automatisiert sammeln, auswerten, aufbereiten

 Springer VS

Markus Feiks
Tübingen, Deutschland

ISBN 978-3-658-25876-4     ISBN 978-3-658-25877-1   (eBook)
https://doi.org/10.1007/978-3-658-25877-1

Die Deutsche Nationalbibliothek verzeichnet diese Publikation in der Deutschen National-
bibliografie; detaillierte bibliografische Daten sind im Internet über http://dnb.d-nb.de abrufbar.

Springer VS
© Springer Fachmedien Wiesbaden GmbH, ein Teil von Springer Nature 2019
Das Werk einschließlich aller seiner Teile ist urheberrechtlich geschützt. Jede Verwertung, die
nicht ausdrücklich vom Urheberrechtsgesetz zugelassen ist, bedarf der vorherigen Zustimmung
des Verlags. Das gilt insbesondere für Vervielfältigungen, Bearbeitungen, Übersetzungen,
Mikroverfilmungen und die Einspeicherung und Verarbeitung in elektronischen Systemen.
Die Wiedergabe von allgemein beschreibenden Bezeichnungen, Marken, Unternehmensnamen
etc. in diesem Werk bedeutet nicht, dass diese frei durch jedermann benutzt werden dürfen. Die
Berechtigung zur Benutzung unterliegt, auch ohne gesonderten Hinweis hierzu, den Regeln des
Markenrechts. Die Rechte des jeweiligen Zeicheninhabers sind zu beachten.
Der Verlag, die Autoren und die Herausgeber gehen davon aus, dass die Angaben und Informationen in diesem Werk zum Zeitpunkt der Veröffentlichung vollständig und korrekt sind.
Weder der Verlag, noch die Autoren oder die Herausgeber übernehmen, ausdrücklich oder
implizit, Gewähr für den Inhalt des Werkes, etwaige Fehler oder Äußerungen. Der Verlag bleibt
im Hinblick auf geografische Zuordnungen und Gebietsbezeichnungen in veröffentlichten Karten
und Institutionsadressen neutral.

Verantwortlich im Verlag: Barbara Emig-Roller

Springer VS ist ein Imprint der eingetragenen Gesellschaft Springer Fachmedien Wiesbaden GmbH
und ist ein Teil von Springer Nature
Die Anschrift der Gesellschaft ist: Abraham-Lincoln-Str. 46, 65189 Wiesbaden, Germany

*Hannah, meinen Eltern
und meinem Bruder*

# Vorwort und Danksagung

Noch eine Einführung? Definitiv! Einführungen in die Programmierung mit Python existieren zuhauf. Zahlreiche Bücher, die sich mit *Data Science*, dem Einsatz von *neuronalen Netzen*, oder *Deep Learning* befassen, warten darauf, gelesen zu werden. Diese haben ihre Berechtigung, doch meist decken sie entweder einen zu großen Bereich ab, oder sie sind zu speziell geschrieben und im schlimmsten Fall: zu „technisch". Dadurch sind diese Einführungen für die meisten Menschen schlichtweg unverständlich. Dabei wird es immer wichtiger, programmieren zu können, weil Themen wie *Big Data* oder *künstliche Intelligenz* immer präsenter werden, oder allgemein die *Automatisierung* wirtschaftlicher sowie sozialer Bereiche unaufhaltsam voranschreitet. Mit anderen Worten, es wird nicht nur stets wichtiger, zu verstehen, wie computergesteuerte Prozesse ablaufen, sondern auch, die Programme selbst schreiben zu können. Dabei ist das Programmieren keineswegs nur ein Wirtschaftsthema. Auch in der Wissenschaft erhöht sich aufgrund immer größerer Datenmengen zunehmend die Notwendigkeit, Daten automatisiert zu erheben bzw. auszuwerten. Schließlich ist es nur mit sehr viel Aufwand möglich, mehrere Millionen Tweets manuell zu verarbeiten. Mithilfe der computergestützten Analyse benötigt man dabei nur einen Bruchteil der Zeit — vorausgesetzt natürlich, man weiß, wie es geht.

Das hier vorliegende Buch möchte daher für diejenigen eine Hilfe sein, die den Einstieg in die Programmierung suchen, um damit computergestützte Forschung betreiben zu können. Vielleicht haben Sie schon immer programmieren wollen, waren fasziniert von den technologischen Möglichkeiten? Vielleicht fehlte Ihnen bisher auch nur die Zeit, sich damit zu beschäftigen? Oder Sie waren von all den vielen Seiten, die schon zu diesem Thema geschrieben wurden, gewissermaßen überfordert und wussten nicht, wo Sie anfangen sollen? Dann sind Sie hier richtig.

Beim Schreiben war mir einerseits wichtig, nicht zu allzu technisch zu formulieren, andererseits jedoch die Technologie selbst nicht zu vernachlässigen. In diesem Buch ist das Verständnis für die Programmiersprache wichtiger, als diese vielleicht

„perfekt" zu beherrschen. Wenn Sie einmal Python „sprechen" können, sind Sie nicht nur Lage, interessante Projekte umzusetzen und dabei schnelle Ergebnisse zu erzielen, sondern Sie sind auch noch Teil einer großen, wachsenden Gemeinschaft, die in zahlreichen Blogs und Foren zusätzliche Hilfestellung bietet. Python macht Spaß, ist sehr gut dokumentiert und bestens zu verstehen. Ihre Ziele erreichen Sie dadurch mit erheblich weniger Zeit- sowie Programmieraufwand als in vergleichbaren Sprachen. Nach der Lektüre dieses Buches sind Sie also bestenfalls genauso begeistert von Python, wie ich es war, als ich anfing, darin zu programmieren.

Dieses Buch wäre jedoch nicht möglich gewesen ohne Barbara Emig-Roller vom VS Verlag. Ihr möchte ich herzlich für ihre Offenheit sowie Bereitschaft danken, sich diesem Thema anzunehmen. Zudem möchte ich Hannah Birr danken, die mich bei diesem Vorhaben stets unterstützte, mich in stressigen Zeiten auffing und meine Stimmungen bereitwillig und liebevoll ertrug.

Hamburg, im März 2019<br>
Markus Feiks

# Inhalt

| | | |
|---|---|---|
| **1** | **Einleitung** | 1 |
| 1.1 | Empirische Sozialforschung in Zeiten von „Big Data" | 3 |
| 1.2 | Python installieren | 8 |
| | 1.2.1 Installation mit dem Python-Installer | 8 |
| | 1.2.2 Installation mit der Anaconda Distribution | 9 |
| | 1.2.3 Zusätzliche Pakete installieren | 10 |
| 1.3 | Erste Schritte mit Python | 11 |
| | 1.3.1 IPython: Interaktive Python Umgebung | 14 |
| | 1.3.2 Programmieren in Jupyter Notebooks | 17 |
| | 1.3.3 Programmieren in Entwicklungsumgebungen | 19 |
| 1.4 | „Pythonic" Code schreiben: Zen of Python und PEP8 | 21 |
| **2** | **Python verstehen und anwenden** | 25 |
| 2.1 | Datentypen: Zahlen und Zeichenketten | 26 |
| 2.2 | Datencontainer: Listen, Dictionaries, Tuple und Sets | 32 |
| | 2.2.1 Listen (list) | 32 |
| | 2.2.2 Dictionary (dict) | 34 |
| | 2.2.3 Tupel (tuple) | 38 |
| | 2.2.4 Set / Frozenset (set, frozenset) | 39 |
| 2.3 | Kontrollfluss: Programme mit Bedingungen steuern | 40 |
| | 2.3.1 None, True, False | 40 |
| | 2.3.2 Vergleiche vornehmen | 41 |
| | 2.3.3 Daten abfragen mit while- und for-Schleifen | 43 |
| | 2.3.4 List- und Dictionary-Comprehension | 46 |
| | 2.3.5 Fehlerbehandlung: Try und Except | 48 |

|     | 2.4   | Funktionen aufrufen und schreiben ............................ 50 |
| --- | ----- | --- |
|     | 2.4.1 | Eigene Funktionen definieren ............................. 52 |
|     | 2.4.2 | Variable Parameter mit *args und **kwargs ................ 55 |
|     | 2.4.3 | Anonyme Funktionen: Lambda-Ausdrücke ................ 57 |
|     | 2.5   | Daten einlesen und ausgeben .................................... 58 |
|     | 2.5.1 | Einlesen und Schreiben einfacher Text-Dateien ............ 58 |
|     | 2.5.2 | Einlesen und Schreiben von CSV-Dateien ................. 59 |
|     | 2.5.3 | Einlesen und Schreiben von JSON-Dateien ................ 63 |

**3 Verarbeitung tabellarischer Daten in Python** ........................ 67
   3.1   Indexing: Gezielt auf Daten zugreifen ............................ 71
   3.2   Überblick über die Daten beschaffen ............................. 73
   3.3   Daten mit eigenen Funktionen bearbeiten ....................... 75
   3.4   Daten einlesen und exportieren ................................. 76

**4 Datenerhebung mit Python am Beispiel von Twitter und Nachrichten-Medien** ............................................... 77
   4.1   Daten von Twitter erheben ...................................... 78
       4.1.1   TweePy installieren und erste Schritte .................... 80
       4.1.2   Informationen eines Twitter-Nutzers abfragen ............. 82
       4.1.3   Einen Datensatz mit Twitter-Daten erstellen ............... 84
   4.2   Einfaches Web-Scraping von Online-News ...................... 86
       4.2.1   Einfaches Beispiel einer Web-Abfrage .................... 87
       4.2.2   Inhalte aus dem Seitenquelltext extrahieren ............... 88
       4.2.3   Ergebnisse einer thematischen Suche speichern ........... 90
       4.2.4   Inhalte eines Artikels extrahieren ......................... 95
       4.2.5   Abfragen beschleunigen mithilfe von Sitemaps ............ 97

**5 Statistische Berechnungen mit Python** ............................. 103
   5.1   Lagemaßzahlen: Arithmetisches Mittel, Median, Modus ......... 104
   5.2   Varianz und Standardabweichung berechnen .................... 106
   5.3   Variationskoeffizient und Kovarianz berechnen .................. 107
   5.4   Korrelationskoeffizient nach Pearson (Produkt-Moment-Korrelation) ...................................... 109
   5.5   Rangkorrelation nach Spearman ................................ 111
   5.6   Daten transformieren: z-Transformation ........................ 113
   5.7   Berechnung der Stichprobengröße ............................... 113

| | | |
|---|---|---|
| **6** | **Daten visualisieren** | 117 |
| 6.1 | Daten visualisieren mit Matplotlib | 118 |
| | 6.1.1 Balkendiagramm | 118 |
| | 6.1.2 Histogramm | 121 |
| | 6.1.3 Liniendiagramme | 124 |
| | 6.1.4 Streudiagramm (Scatterplot) | 129 |
| | 6.1.5 Grafiken dynamisch erstellen | 131 |
| 6.2 | Daten visualisieren mit Seaborn | 134 |
| | 6.2.1 Kategoriale Daten drucken | 135 |
| | 6.2.2 Scatterplot | 137 |
| | 6.2.3 Zusammenhänge mit Regplot und Jointplot darstellen | 139 |
| | 6.2.4 Heatmaps in Seaborn erstellen | 140 |
| **7** | **Ausblick** | 145 |

Weiterführende Literatur ............................................. 147

# Verzeichnis der Codes und Abbildungen

## Codes

| | | |
|---|---|---:|
| Code-Syntax 1-1: | „Hallo Welt" in C#, Java und Python | 4 |
| Code-Syntax 1-2: | Beispiel für Text-Analyse in Python | 6 |
| Code-Syntax 1-3: | Installation von Zusatz-Paketen | 11 |
| Code-Syntax 1-4: | Werte mit Namen referenzieren | 13 |
| Code-Syntax 1-5: | Namensräume in Python | 13 |
| Code-Syntax 2-1: | Typische mathematische Operationen | 27 |
| Code-Syntax 2-2: | Zeichenketten festlegen | 27 |
| Code-Syntax 2-3: | Lange Zeilen umbrechen | 28 |
| Code-Syntax 2-4: | Möglichkeiten zur Textformatierung | 29 |
| Code-Syntax 2-5: | Fortgeschrittene Methoden zur Textformatierung | 30 |
| Code-Syntax 2-6: | Methoden von Zeichenketten (Auswahl) | 31 |
| Code-Syntax 2-7: | Indexierung von Zeichenketten | 31 |
| Code-Syntax 2-8: | Listen erstellen | 32 |
| Code-Syntax 2-9: | Indexierung von Listen | 33 |
| Code-Syntax 2-10: | Methoden von Listen (Auswahl) | 33 |
| Code-Syntax 2-11: | Listen entschachteln mit itertools | 34 |
| Code-Syntax 2-12: | Ein Dictionary-Objekt erstellen | 35 |
| Code-Syntax 2-13: | Ein Dictionary sortieren | 35 |
| Code-Syntax 2-14: | Datenabgleich mit einem Dictionary | 36 |
| Code-Syntax 2-15: | Einem Dictionary neue Werte hinzufügen | 36 |
| Code-Syntax 2-16: | Wert-Mapping: Text in Zahlen umwandeln | 37 |
| Code-Syntax 2-17: | Tuple erstellen und entpacken | 38 |
| Code-Syntax 2-18: | Sets und ausgewählte Methoden | 39 |
| Code-Syntax 2-19: | Beispiele für True, False und None | 40 |
| Code-Syntax 2-20: | Vergleichsoperatoren in Python | 41 |
| Code-Syntax 2-21: | Prüfung auf Gleichheit und Identität von Werten | 42 |

Code-Syntax 2-22: Unterschied zwischen Referenz und Kopie ............. 43
Code-Syntax 2-23: Abfragen mit while-Schleifen ....................... 44
Code-Syntax 2-24: Praxis-Beispiel für eine while-Schleife ............... 45
Code-Syntax 2-25: for-Schleifen schreiben ............................ 46
Code-Syntax 2-26: List Comprehensions .............................. 47
Code-Syntax 2-27: List Comprehensions mit if-Bedingung .............. 48
Code-Syntax 2-28: Dictionary Comprehensions ....................... 48
Code-Syntax 2-29: Fehlerbehandlung mit try und except ............... 50
Code-Syntax 2-30: Eine eigene Funktion definieren .................... 52
Code-Syntax 2-31: Eine Funktion mit Keyword-Parameter festlegen ....... 53
Code-Syntax 2 32: Docstring hinzufügen ............................. 54
Code-Syntax 2-33: Beispiel einer Funktion zur Tweet-Analyse ........... 55
Code-Syntax 2-34: Funktion mit *args und **kwargs ................... 56
Code-Syntax 2-35: Beispiel einer komplexen Funktion .................. 57
Code-Syntax 2-36: Anonyme Funktionen definieren (lambda) ............ 57
Code-Syntax 2-37: Dateien von der Festplatte einlesen und schreiben ...... 59
Code-Syntax 2-38: Einlesen und schreiben von CSV-Dateien ............. 61
Code-Syntax 2-39: Regeln zum Einlesen von CSV-Dateien bestimmen ..... 62
Code-Syntax 2-40: JSON-Dateien einlesen ............................ 63
Code-Syntax 2-41: Dateien mit mehrfachen JSON-Objekten einlesen ...... 64
Code-Syntax 2-42: JSON-Dateien schreiben .......................... 65
Code-Syntax 3-1: Beispiel-Datensatz generieren ....................... 69
Code-Syntax 3-2: Einem DataFrame neue Spalten hinzufügen ........... 70
Code-Syntax 3-3: Werte durch Berechnungen hinzufügen und löschen ... 70
Code-Syntax 3-4: Auf Werte eines DataFrame zugreifen ................ 72
Code-Syntax 3-5: Werte des DataFrame sortieren ..................... 73
Code-Syntax 3-6: Überblick über die Daten erhalten ................... 74
Code-Syntax 3-7: Funktionen auf ein DataFrame anwenden ............. 75
Code-Syntax 3-8: Daten einlesen und exportieren mit Pandas ........... 76
Code-Syntax 4-1: Verbindung zur Twitter-API herstellen (Variante 1) ..... 80
Code-Syntax 4-2: Verbindung zur Twitter-API herstellen (Variante 2) ..... 81
Code-Syntax 4-3: Ausgewählte Attribute und Methoden eines User-Objektes ....................................... 82
Code-Syntax 4-4: Cursor-Objekt in Tweepy .......................... 83
Code-Syntax 4-5: Beispiel JSON-Output der Twitter-API ............... 84
Code-Syntax 4-6: Twitter-Daten in ein DataFrame speichern ............ 86
Code-Syntax 4-7: Web-Abfragen mit requests und beautifulsoup ......... 88
Code-Syntax 4-8: Elemente im HTML-Quelltext suchen ................ 89
Code-Syntax 4-9: Exkurs: Reguläre Ausdrücke ........................ 91

| | | |
|---|---|---|
| Code-Syntax 4-10: | Web-Links einer Seite mit Suchergebnissen extrahieren | 92 |
| Code-Syntax 4-11: | Web-Links extrahieren (gekürzt) | 94 |
| Code-Syntax 4-12: | Funktion zum Extrahieren von Artikel-Inhalten | 96 |
| Code-Syntax 4-13: | XML-Dateien in Python verarbeiten | 99 |
| Code-Syntax 4-14: | Sitemaps von einem Webserver einlesen | 100 |
| Code-Syntax 4-15: | Komprimierte XML-Dateien einlesen | 101 |
| Code-Syntax 5-1: | Mittelwert, Median und Modus berechnen | 105 |
| Code-Syntax 5-2: | Varianz und Standardabweichung berechnen | 106 |
| Code-Syntax 5-3: | Berechnung des Variationskoeffizienten | 107 |
| Code-Syntax 5-4: | Beispiel zur Berechnung des Variationskoeffizienten | 108 |
| Code-Syntax 5-5: | Berechnung der Kovarianz | 109 |
| Code-Syntax 5-6: | Korrelationskoeffizient nach Pearson | 110 |
| Code-Syntax 5-7: | Rangwerte eines Arrays berechnen | 112 |
| Code-Syntax 5-8: | Daten transformieren: z-Transformation | 113 |
| Code-Syntax 5-9: | Stichprobengröße bei bekannter Population | 114 |
| Code-Syntax 5-10: | Stichprobengröße bei unbekannter Population | 116 |
| Code-Syntax 6-1: | Einfaches Balkendiagramm (vertikal) | 119 |
| Code-Syntax 6-2: | Histogramm mit gleicher Breite | 121 |
| Code-Syntax 6-3: | Histogramm mit variabler Breite | 122 |
| Code-Syntax 6-4: | Einfaches Liniendiagramm | 125 |
| Code-Syntax 6-5: | Liniendiagramm mit drei Kurven | 126 |
| Code-Syntax 6-6: | Gestapeltes Liniendigramm | 127 |
| Code-Syntax 6-7: | Einfaches Streudiagramm (Scatterplot) | 129 |
| Code-Syntax 6-8: | Streudiagramm mit wertbasierter Punktgröße | 130 |
| Code-Syntax 6-9: | Grafiken dynamisch erstellen | 132 |
| Code-Syntax 6-10: | Kategoriale Daten abbilden | 135 |
| Code-Syntax 6-11: | Kategoriale Daten geschichtet abbilden | 137 |
| Code-Syntax 6-12: | Streudiagramm mit variierender Farbe und Punktgröße | 138 |
| Code-Syntax 6-13: | Regressionen einfach und kombiniert darstellen | 140 |
| Code-Syntax 6-14: | Pivot-Tabellen mit Pandas erstellen | 141 |
| Code-Syntax 6-15: | Einfache Heatmap abbilden | 142 |
| Code-Syntax 6-16: | Heatmap mit komplexer Konfiguration | 143 |

## Abbildungen

| | | |
|---|---|---|
| Abbildung 1-1: | Anaconda Navigator | 16 |
| Abbildung 1-2: | Oberfläche eines Jupyter Notebooks | 17 |
| Abbildung 1-3: | Hilfetext aufrufen in Jupyter Notebooks | 18 |
| Abbildung 1-4: | Eingaben speichern und exportieren | 19 |
| Abbildung 1-5: | Benutzeroberfläche der Spyder-IDE | 20 |
| Abbildung 2-1: | Eingebaute Funktionen in Python | 51 |
| Abbildung 3-1: | Beispiel-Datensatz | 69 |

# Einleitung 1

**Zusammenfassung**

Im einleitenden Kapitel des Buchs wird zum einen dargelegt, warum es heute wichtig ist, über Kenntnisse der Programmierung zu verfügen und zum anderen gezeigt, wie man Python auf seinem Rechner installieren kann. Python zählt aktuell zu den beliebtesten Programmiersprachen, auch weil die Anwendung relativ einfach zu erlernen ist. Neben der Installation werden daher auch erste Code-Beispiele gezeigt, die dies demonstrieren sollen. Letztlich ist Python auch deshalb so gut lesbar, da sich alle an bestimmte Formatierungsvorgaben halten. Auch diese werden in der Einleitung besprochen.

**Schlagwörter**

Python, Zen of Python, Big Data, Data Science, Digital Humanities, Spyder, IPython, Python-Interpreter, Anaconda Distribution

Die Programmiersprache Python erfreut sich großer Beliebtheit und wird zunehmend auf dem Arbeitsmarkt verlangt.[1] Sie ist einfach zu erlernen und kann selbst ohne bestehende Programmierkenntnisse bereits nach kurzer Zeit angewendet werden, zum Beispiel in Abschluss- oder Studienarbeiten. Bevor wir konkret starten, sind noch einige allgemeine Anmerkungen zur Programmierung angebracht, um ein Verständnis dafür zu entwickeln, wie die Befehle ausgeführt werden, denn: Computer sind „dumm", sie machen nur das, was man ihnen sagt. Hat man ihnen

---

[1] Die in diesem Buch aufgeführten Code-Beispiele finden sich auch auf *Github* unter https://github.com/mfeyx.

jedoch etwas „beigebracht", also ein Programm geschrieben, dann können sie die Befehle sehr schnell ausführen. Das ist gewiss etwas polemisch formuliert, doch selbst wenn Computer heute zunehmend eigenständig lernen, etwa im Bereich des Tiefenlernens („Deep Learning"), so müssen doch immer noch die Parameter festgelegt und übergeben werden, nach oder mit denen sie sich letztlich Dinge aneignen. Computer brauchen Instruktionen, sie operieren nach bestimmten Regeln, wenngleich *sie* diese neuerdings eigenständig anpassen können, sodass wir ihre Funktionsweise immer weniger nachvollziehen können.

Programmieren ist letztlich nichts anderes, als dem Computer in einer für ihn verständlichen Sprache zu erklären, was er tun soll. Man kann ein Programm – zumindest ein sehr einfaches – daher als „Rezept" verstehen: Mache zuerst das hier, dann dies und abschließend jenes. Nehmen wir einmal an, der Computer soll uns einen Kaffee kochen. Dazu benötigt er bestimmte Dinge bzw. „Objekte", mit denen er anschließend etwas macht bzw. „operiert". Dabei haben die benötigten Objekte spezifische Merkmale, oder ihnen stehen „Funktionen" bzw. „Methoden" bereit. So hat das Objekt „Wasserkocher" die Funktion, Wasser zu erhitzen. Den Wasserkocher haben wir vermutlich nicht selbst gebaut, sondern gekauft. Mit anderen Worten, wir haben ihn „importiert", da er uns von anderen Programmierenden bereitgestellt wurde. Das Wasser hat wiederum eine Temperatur und dieses „Attribut" hat zu einem bestimmten Zeitpunkt (der Laufzeit) einen spezifischen Wert. Mit dem Wasserkocher wollen wir die Temperatur ändern und erst, wenn das Wasser einen bestimmten Celsius-Wert erreicht hat, zum Beispiel in eine French-Press-Kanne füllen. Wir haben also eine bestimmte „Bedingung" formuliert, eine Wenn-dann-Bedingung. Das sind natürlich nicht alle Arbeitsschritte, aber wir sehen schon hier, je komplexer die Aufgabe wird, desto mehr müssen wir dem Computer mitteilen. Es dauert also seine Zeit, bis alle Abläufe so funktionieren, sodass am Ende ein wohlschmeckender Kaffee aufgebrüht wird. Mit der Programmierung in Python, können wir diese Zeit jedoch verkürzen, da die Sprache einfach und trotzdem mächtig ist.

Wer beim Wort „Python" bisher an eine Schlange dachte, den muss ich jetzt leider enttäuschen. Die Sprache wurde nicht nach der Schlange benannt, auch wenn es das Logo anders vermuten lässt. Guido van Rossum, der Erfinder von Python, hat sie nach den englischen Komikern „Monty Python" benannt (meines Erachtens auch die bessere Entscheidung). In der Dokumentation heißt es zudem: „Making references to Monty Python skits in documentation is not only allowed, it is encouraged!". Python ist also nicht nur einfach zu erlernen, sondern fördert gleichsam guten Humor. Guido van Rossum leitete bis Juli 2018 die Entwicklung der Sprache und wurde auch als „wohlwollender Diktator auf Lebenszeit" bezeichnet, eine Person also, die im Bereich der Entwicklung freier Software im Grunde immer das letzte Wort hat. Die Programmiersprache ist dabei älter, als man denkt – sogar älter als Java. Sie erschien erstmals 1991 und erfreut sich aktuell stark wachsender Beliebtheit, wie eine Untersuchung von StackOverflow zeigt.[2] Auch große Firmen nutzen Python, etwa *Facebook*, *Spotify*, *Netflix* oder *Dropbox* sowie *Reddit*, um nur einige zu nennen. Auch *Google* hat ihren ersten „WebCrawler" in Python geschrieben.[3]

Kenntnisse in der Programmierung werden immer wichtiger. Die Frage ist dabei stets, welche Programmiersprache man lernen soll – und die Auswahl ist groß. Wie in so vielen Kontexten, kann die Frage nur mit einem „Es kommt drauf an" beantwortet werden. Jede Sprache hat seine Vor- und Nachteile. Während die eine Sprache vielleicht besonders „schnell" ist, so lässt sie sich eventuell jedoch weniger gut „lesen" und ist daher für den Einstieg ungeeignet. Andere Sprachen lassen sich vielleicht besser „lesen", sind wiederum in ihren Operationen weniger schnell. Python bietet hier einen guten Kompromiss. Die Sprache ist einfach zu lernen, d. h. der Programmcode (kurz: Code) ist aufgrund seiner *Syntax* gut lesbar und zudem werden die Prozesse ausreichend schnell verarbeitet, weil sie im Hintergrund teilweise auf schnellere Programmiersprachen zurückgreifen. Die Schnelligkeit ist beispielsweise dann wichtig, wenn besonders große Datenmengen in Echtzeit verarbeitet werden sollen.

## 1.1 Empirische Sozialforschung in Zeiten von „Big Data"

Es wurde angedeutet, dass Python besonders gut lesbar ist. Typisch für Einführungen in die Programmierung ist das Schreiben von „Hello World" als erstes Programm.[4] In Code-Syntax 1-1 sind drei Beispiele aufgezeigt, wie dies in unterschiedlichen Sprachen umgesetzt wird. Hier zeigt sich deutlich: In Python kann das Ergebnis wesentlich einfacher und mit nur einer Codezeile erreicht werden. Noch einmal: Jede Programmiersprache hat ihre Berechtigung, aber Python bietet, gerade für den Einstieg, weniger Hürden als andere. Die Vorteile von Python sind, dass man weniger Zeit für die Entwicklung lauffähiger Programme benötigt, einfach schon, weil man weniger Code schreiben muss. Weil Python gut lesbar ist, kann auch der Programmcode anderer Entwickler leichter nachvollzogen, aber auch Fehler

---

2  Vgl. https://stackoverflow.blog/2017/09/06/incredible-growth-python/
3  Vgl. Levy, S. (2011). In the plex: How Google thinks, works, and shapes our lives. New York: Simon & Schuster, S. 17.
4  Zahlreiche weitere Beispiele finden sich auf http://helloworldcollection.de

können leichter entdeckt werden. Dadurch lässt sich der Programmcode viel einfacher anpassen und in eigene Abläufe integrieren. Gerade in der empirischen Sozialforschung wird dies in Zeiten von „Big Data" immer wichtiger.

*Code-Syntax 1-1: „Hallo Welt" in C#, Java und Python*

| Sprache | Syntax |
|---|---|
| C# (C sharp) | ```class HelloWorld<br>{<br>    static void Main()<br>    {<br>        System.Console.WriteLine("Hello, World!");<br>    }<br>}``` |
| Java | ```class HelloWorld {<br>    static public void main( String args[] ) {<br>        System.out.println( "Hello World!" );<br>    }<br>}``` |
| Python | ```print("Hello, World!")``` |

Daten bilden die Grundlage empirischer Sozialforschung. Barney Glaser, einer der Mitbegründer der *Grounded Theory*, hat einmal gesagt: „All is data". Damit hat er gemeint, dass potenziell alles erfasst und vermessen werden kann. Daten werden erhoben, etwa indem man Umfragen oder Interviews durchführt, indem man beobachtet und diese Beobachtung wiederum protokolliert, aber auch indem man Nachrichten-Beiträge oder TV-Sendungen codiert und inhaltsanalytisch untersucht. Selbstredend sind nicht allein Daten relevant, sondern die Verbindung zwischen den einzelnen Datenpunkten. Man könnte auch sagen, die Information, die in den Daten verborgen ist.

Besonders in digitalen Medien lassen sich Daten einfach erheben, weil sie schon in einem Format vorliegen, das die Verarbeitung relativ leicht ermöglicht. Möchte man zum Beispiel Markengemeinschaften (,Brand Communities') untersuchen, könnte man die einzelnen Textbeiträge in den spezifischen Online-Foren als Grundlage nehmen und automatisiert hinsichtlich der Tonalität analysieren. Zunehmend wird die Plattform *Twitter* dazu genutzt, Veranstaltungen oder Ereignisse in Echtzeit zu kommentieren. Dieser soziale Netzwerkdienst wird aber auch verwendet, um auf gesellschaftliche Missstände aufmerksam zu machen, um zu protestieren. Abertausende oder Millionen von Tweets werden dann geschrieben, die sich empirisch untersuchen lassen. Aufgrund der Fülle an Daten ist eine manuelle Erhebung jedoch kaum mehr möglich.

Wenn die Daten für das manuelle Erfassen und Bearbeiten zu groß sind, wird auch von „Big Data" gesprochen. Die Firma *IBM* beschreibt dieses Phänomen mit vier „V's", und zwar Volume, Velocity, Variety und Veracity. Mit „Volume" wird auf die scheinbar unendlich großen Datenmengen verwiesen, die täglich produziert werden. Allein auf der Plattform *YouTube* wurde im Jahr 2015 und nach Angaben der Firma *Tubefilter* pro Minute etwa 400 Stunden Videomaterial hochgeladen.[5] Die Bundesnetzagentur gibt an, dass 2017 in Deutschland ca. 1.338 Millionen Gigabyte an Mobilfunk-Daten übertragen wurden,[6] wodurch allein aufgrund der mobilen Internetnutzung unzählbare Datenpunkte hervorgebracht worden sind. Die zahlreichen Daten, darauf weist der Aspekt „Variety" hin, sind dabei auch noch unterschiedlich in ihrer Art. Es handelt sich etwa um Text-Inhalte, wie Kurznachrichten auf *Twitter*, oder Fotos bei *Instagram*; um Videos bei *Youtube* oder *Vimeo*, um Audio-Material bei *Soundcloud*. Es werden aber auch Geo-Daten gemessen, also Ortsangaben, oder Wetter-Daten sowie Interaktionen zwischen den Usern einer Plattform, etwa den „likes" auf *Facebook*. Mit dem Aspekt „Velocity" wird deutlich, dass sich die Geschwindigkeit der Datenübertragung verändert hat. So wurde zum Beispiel ein Unterseekabel zwischen der Londoner und der New Yorker Börse verlegt, dessen Kosten sich auf 300 Mio. US-Dollar beliefen. Gespart wurden sechs *Millisekunden* an Übertragungszeit.[7] Der Aspekt „Veracity" bezieht sich letztlich auf den Realitätswert der Daten. Damit ist gemeint, dass die Informationen mit der Wirklichkeit übereinstimmen müssen, sollte man sie nutzen wollen. Besonders relevant ist dieser Aspekt in der Forschung, schließlich soll etwas gemessen werden, das auch tatsächlich existiert.

Mit den „Digital Humanities" hat sich ein Wissenschaftszweig herausgebildet, der die medialen sowie sozialen Veränderungen aufgreift und versucht, entsprechende Methoden zu etablieren.[8] Dort werden Computer- und Geisteswissenschaft(en)

---

5 Vgl. https://de.statista.com/statistik/daten/studie/207321/umfrage/upload-von-videomaterial-bei-youtube-pro-minute-zeitreihe/

6 Vgl. https://de.statista.com/statistik/daten/studie/172798/umfrage/datenvolumen-im-deutschen-mobilfunkmarkt-seit-2005/

7 https://www.computerbase.de/2011-09/300-mio.-dollar-neues-transatlantikkabel-spart-6-ms/

8 Vgl. hierzu etwa Berry, D. M. (2011). The Computational Turn: Thinking About the Digital Humanities. Culture Machine, 12, 1–22; Crompton, C., Lane, R. J. & Siemens, R. G. (2016). Doing Digital Humanities: Practice, Training, Research. London: Routledge; Jannidis, F., Kohle, H. & Rehbein, M. (2017). Digital Humanities: Eine Einführung. Stuttgart: J.B. Metzler Verlag; Kurz, S. (2016). Digital Humanities Grundlagen und Technologien

vereint, um etwa neue Erkenntnisse in der Literaturanalyse zu generieren. Wie lässt sich Python hier anwenden? Zum Beispiel stehen mit dem „Projekt Gutenberg" zahlreiche Textdaten zur freien Verfügung, die computergestützt ausgewertet werden könnten. So ließe sich etwa der Roman „Moby Dick" hinsichtlich seiner Wortverteilung untersuchen, wobei es gewiss mühsam wäre, die Wörter des Buches manuell zu zählen. Mithilfe des Computers und seiner heutigen Rechenleistung können digitale Daten ohne Probleme verarbeitet werden. Die Code-Syntax 1-2 liefert einen kleinen Vorgeschmack, wie leicht dies in Python sein kann. Der Programmcode muss dabei gar nicht in Gänze verstanden werden, wobei er sich meines Erachtens nach trotzdem gut nachvollziehen lässt. (Ein Hinweis: Bei den mit einem #-Zeichen beginnenden Eingaben handelt es sich um Kommentare, die intern nicht als Code interpretiert werden.)

*Code-Syntax 1-2: Beispiel für Text-Analyse in Python*

```python
from nltk.book import text1 as moby_dick

# Gesamtanzahl der enthaltenen Wörter
words_total = len(moby_dick)
print(words_total)   # out: 260819

# Anzahl unterschiedlicher Wörter
words_unique = set(moby_dick)
print(len(words_unique))   # out: 19317

# Die fünf häufigsten Zeichen bzw. Zeichenketten
most_common_five = moby_dick.vocab().most_common(5)
print(most_common_five)
# out: [(',', 18713), ('the', 13721), ('.', 6862), ('of', 6536), ('and', 6024)]

# Häufigkeit des Wortes "Wal"
whale = moby_dick.count("whale")
print(whale)   # out: 906
```

Was passiert in dem Code-Beispiel? Zunächst wird aus dem **NLTK**-Paket (dem „Natural Language Toolkit"), genauer: aus dem *Modul* mit dem Namen **book**, der

---

für die Praxis (2. Aufl.). Wiesbaden: Springer Vieweg; Schreibman, S., Siemens, R. G. & Unsworth, J. (2015). A New Companion to Digital Humanities. Chichester: John Wiley & Sons, Ltd.

erste Text importiert (text1) und wiederum als `moby_dick` bezeichnet.[9] Mit den eingebauten Python-Funktionen `len()` und `print()` wird die Länge (length) des Objektes gemessen und das Ergebnis ausgegeben ($N$=260819). Ist man nun etwa daran interessiert, wie viele Zeichen bzw. Zeichenketten vorkommen, sprich: welche spezifischen Wörter genutzt wurden, so lässt sich mit der eingebauten Funktion `set()` eine Objektmenge erstellen, die alle Elemente nur einmal enthält. Achtung: Hierin befinden sich jedoch nicht nur Wörter, sondern auch Satzzeichen oder als Text formatierte Zahlen. Dieser Umstand wird deutlich gemacht, indem man die Zeichen und Zeichenketten als „Tokens" bezeichnet. Auch hier lässt sich wiederum die Länge des Sets bestimmen ($n$=19317). Herman Melville hat in seinem Roman „Moby Dick" also ca. 261.000 unterschiedliche Zeichen oder Zeichenketten geschrieben und dazu etwa 19.400 unterschiedliche Tokens genutzt. Ferner können mit der Methode `vocab().most_common()`, die das Objekt `text1` zur Verfügung stellt, zum Beispiel die fünf häufigsten Tokens ausgegeben werden. Wie zu sehen ist, hat Melville also am häufigsten ein Komma geschrieben, gefolgt vom englischen Artikel „the". Das englische Wort für „Wal" (whale) taucht im ganzen Buch hingegen nur 906 Mal auf.

Hierbei zeigt sich auch schon ein Problem: Bestimmte Zeichen (Satzzeichen) oder Zeichenketten (Wörter) bieten relativ wenig Information, daher ist es notwendig, Texte aufzubereiten und die unerwünschten Elemente zu entfernen. Man könnte auch sagen, dass das „Signal" (der Text) in seiner ursprünglichen Form noch zu viel „Rauschen" enthält, um daraus relevante Schlüsse ziehen zu können. Die Aufbereitung der Daten, das sogenannte „Data Wrangling", ist daher ein wesentlicher Teil der computergestützten Analyse. Die unerwünschten Tokens lassen sich in Python glücklicherweise mit nur wenigen Schritten entfernen.[10]

---

9    In dem Modul finden sich verschiedene Beispiel-Texte, unter anderem eben Moby Dick. Würde man anstatt „text1" wiederum „text2" importieren, könnte man Jane Austens Roman „Verstand und Gefühl" (Sense and Sensibility) untersuchen. Insgesamt sind 9 Beispiele in dem Paket integriert. Auch eigene Texte lassen sich so untersuchen. Vgl. hierzu https://www.nltk.org/book/.

10   Vgl. hierzu etwa Sarkar, D. (2016). Text analytics with Python: A practical real-world approach to gaining actionable insights from your data. Berkeley, CA: Apress.

## 1.2 Python installieren

Bevor wir Python überhaupt nutzen können, müssen wir es installieren. Auf UNIX-Systemen, wie Linux oder MacOS, ist Python oftmals vorinstalliert. Dabei handelt es sich jedoch sehr wahrscheinlich um eine ältere Version (2.7). In diesem Buch wird die Version 3.7.x genutzt, wobei alle Versionen ab 3.6.x kompatibel sein sollten. In diesem Kapitel erfahren Sie nun, wie Sie Python installieren können. Zudem erhalten Sie erste Einblicke in die Syntax und Funktionsweise von Python-Code. Dies soll Ihnen als Überblick dienen, Sie müssen (und können vermutlich) also nicht gleich alles verstehen. Keine Sorge, im nächsten Kapitel wird die Syntax dann explizit besprochen (vgl. Kapitel 2).

Grundsätzlich können Sie Python mit dem offiziellen Python-Installer auf ihrem Rechner bereitstellen. Es lohnt sich jedoch ein Blick auf die sogenannte „Anaconda Distribution", die nicht nur Python, sondern weitere hilfreiche Werkzeuge und Pakete installiert, die wir im weiteren Verlauf nutzen werden. Die Pakete können Sie auch manuell installieren, auch das wird Ihnen im Laufe des Abschnitts gezeigt. Zur Programmierung selbst stehen Ihnen unterschiedliche Möglichkeiten bereit. Wollen Sie Python zunächst erst einmal testen, reicht es aus, den Programmcode in der Konsole auszuführen. Wollen Sie jedoch komplexe Abläufe programmieren, benötigen Sie andere Werkzeuge – auch darauf komme ich zurück. Abschließend möchte ich Sie dann noch auf bestimmte Richtlinien hinweisen, die Sie bei der Formatierung von Python-Code beachten sollten. Zunächst einmal besprechen wir aber die Installation.

### 1.2.1 Installation mit dem Python-Installer

Auf der offiziellen Webseite **www.python.org** stehen Ihnen unter „Downloads" verschiedene Dateien zur Installation bereit. Dabei werden die Betriebssysteme **Windows**, **MacOS** sowie **Linux** unterstützt, aber auch weitere. Die Installationsdatei laden Sie entsprechend ihres Betriebssystems herunter. Nach dem Öffnen der Datei erscheint ein Installationsmenü, das Sie durch die Installation führt. Hier klicken Sie im Grunde nur auf die Schaltfläche „Fortfahren" und stimmen der Lizenzvereinbarung zu. Während der Installation können noch Anpassungen vorgenommen werden, auf die ich hier jedoch nicht eingehen werde, da Sie nicht notwendig sind. Bei der Installation unter **Windows** ist jedoch zu beachten, dass Sie während des Vorgangs noch ein Häkchen setzen, und zwar bei „Add Python 3.x to PATH". Mit dem Häkchen wird eine Umgebungsvariable erstellt und Python lässt sich über die Eingabeaufforderung bzw. Konsole ausführen.[11] Das ist unter anderem wichtig, um zusätzliche Pakete zu installieren, oder Python-Skripte ausführen zu können.

### 1.2.2 Installation mit der Anaconda Distribution

Python kann zudem mithilfe der „Anaconda Distribution" installiert werden. Dieses Installationspaket ist sehr umfangreich und besonders im Bereich „Data Science" sinnvoll, da es weitere Pakete integriert, die wir sonst manuell installieren müssten. Es empfiehlt sich also ein Blick darauf zu werfen bzw. diese Installation zu verwenden. Das Installationspaket „Anaconda" wird von der Firma *Continuum Analytics* bereitgestellt und steht frei zur Verfügung.

Mit der Anaconda Distribution wird nicht nur Python selbst installiert, sondern auch weitere Pakete wie etwa `NumPy`, oder `Pandas`, aber auch nützliche Werkzeuge wie das `Jupyter Notebook`. Hilfreich ist auch die grafische Benutzeroberfläche, die das Anlegen von sogenannten „virtuellen Umgebungen" (virtual environments) vereinfacht. Solche Umgebungen ermöglichen es, unterschiedliche Paket-Versionen getrennt voneinander zu installieren. Für jedes Projekt kann hierdurch eine eigene Umgebung geschaffen werden. Das ist unter anderem sinnvoll, um Kompatibilitätsprobleme zu vermeiden. Paket-Updates können zum Beispiel dazu führen, dass der eigene Programmcode nicht mehr funktioniert, weil bestimmte Funktionen bzw. Methoden aus dem Paket gestrichen, oder einfach nur anders benannt worden sind. Dieses Problem lässt sich mit den virtuellen Umgebungen lösen, weil man diese getrennt voneinander aktivieren und modifizieren kann.[12]

Die Distribution kann auf www.anaconda.com/distribution heruntergeladen werden. Die Installation selbst ist genauso einfach, wie mit dem Python-Installer – nur etwas umfangreicher in der Größe. Die Anbieter der Distribution bieten zudem eine sehr gute Dokumentation, die man bei Fragen heranziehen kann. Sie findet sich unter der Adresse https://docs.anaconda.com/anaconda.[13] Auch während der Installation dieser Distribution ist vor allem unter Windows darauf zu

---

11  Ich verwende die Begriffe „Konsole", „Terminal" oder auch „Eingabeaufforderung" im Folgenden synonym. Die unterschiedlichen Bezeichnungen resultieren aus der unterschiedlichen Bezeichnung innerhalb der Betriebssysteme. Damit ist im Grunde aber dasselbe gemeint, nämlich die Befehlszeile (bzw. Kommandozeile).

12  Wie man eine solche Umgebung anlegt wird etwa auf der folgenden Seite beschrieben: https://docs.python-guide.org/dev/virtualenvs, die ich auch allgemein zur intensiveren Auseinandersetzung mit Python empfehlen kann.

13  Ein sogenanntes „Cheat Sheet" auf dem alle Befehle übersichtlich dargelegt worden sind, steht dort ebenso zum Download bereit.

achten, Python (bzw. Anaconda) als Umgebungsvariable hinzuzufügen („Add ... to PATH"). Dadurch lässt sich die Distribution auch mit dem `Terminal` (bzw. der `Eingabeaufforderung`) konfigurieren, etwa um zusätzliche Pakete zu installieren.

### 1.2.3 Zusätzliche Pakete installieren

Die Python-Community ist sehr aktiv und stellt verschiedene Pakete bzw. Bibliotheken bereit, die zusätzlich installiert werden können. Warum ist das sinnvoll und wie macht man das? Sinnvoll ist es, weil für bestimmte Probleme schon Lösungen entwickelt wurden, die man nicht mehr selbst finden muss. Python lässt sich zum Beispiel auch für die Web-Entwicklung einsetzen. Hier stehen unter anderem die beliebten Web-Frameworks `django` oder `flask` zur Verfügung. Die bereits existierenden Pakete nehmen einem also Arbeit ab. Diese vereinfachen die Anwendung, weil sie letztlich eine weitere „Schicht" über den Python-Code legen. Dadurch reduziert sich erneut die Komplexität der Bedienung. Im Bereich des Maschinenlernens ist es zum Beispiel nicht mehr notwendig, die entsprechenden Formeln und Algorithmen selbst zu formulieren. Welche Pakete bereits existieren, lässt sich zum Beispiel auf den folgenden Webseiten überprüfen:

- https://www.pypi.org
- https://wiki.python.org/moin/UsefulModules

Die Pakete werden mithilfe des `pip`-Befehls installiert. In Code-Syntax 1-3 findet sich hierzu eine Übersicht. Sollte der Befehl nicht ausführbar sein bzw. nicht gefunden werden, so ist das Werkzeug nicht installiert. In der Regel sollte es jedoch funktionieren, wenn Python von der offiziellen Webseite bzw. mit Anaconda installiert worden ist.[14]

Die Installation der Pakete ist nicht sonderlich schwer, besonders dann, wenn Sie im Python-Paket-Index verzeichnet sind (pypi.org). Sollte das Paket nicht vorhanden sein, so findet sich im Internet sicherlich anderswo eine Anleitung (z. B. auf *StackOverflow*). Nehmen wir einmal an, wir hätten ein (fiktives) Paket namens „superpy" gefunden und wollten dieses nun auf unserem Computer installieren.

---

[14] Die Dokumentation hilft aber auch bei der Installation von Paketen weiter: https://docs.python.org/3/installing/index.html.

## 1.3 Erste Schritte mit Python

Zur Installation öffnen wir einfach das Terminal (Mac) bzw. die Eingabeaufforderung (Windows) und geben dort den gewünschten Befehl[15] ein.

*Code-Syntax 1-3: Installation von Zusatz-Paketen*

| Vorgang | Terminal-Befehl |
|---|---|
| Installation allgemein | python -m pip install superpy |
| Installation spezifisch | python -m pip install superpy==1.0.8 |
| Upgrade eines Pakets | python -m pip install --upgrade superspy |
| Überblick über alle installierten Pakete | python -m pip freeze |

Sprachen lernt man, indem man sie spricht. Dies gilt auch für Python und Programmiersprachen allgemein. Im nächsten Abschnitt werden daher erste Konzepte aufgezeigt, um einen kleinen Einblick in die Sprache zu erhalten. Wenn die Sprache neu für Sie ist, dann werden Sie vielleicht nicht alles gleich auf Anhieb verstehen, wobei es Python einem vergleichsweise einfach macht. Oftmals lässt sich der Code buchstäblich „lesen", weil er sehr nah an der „normalen" Sprachverwendung anknüpft. Aber schauen Sie selbst, besser noch: Geben Sie den Programmcode parallel mit ein.

## 1.3 Erste Schritte mit Python

Nach der erfolgreichen Installation, können Sie die ersten Python-Befehle direkt in der Konsole bzw. der Kommandozeile ihres Betriebssystems schreiben. Dazu öffnen Sie zunächst die Konsole und geben dort wiederum python ein (Achten Sie dabei auf die Kleinschreibung!). Sie sollten dann etwa folgende Ausgabe zu sehen bekommen:

---

15 Sollte der python-Befehl nicht erkannt werden, dann ist vermutlich keine Umgebungsvariable definiert. Die Anaconda-Distribution sowie auch der einfache Python-Installer übernehmen dies in aller Regel. Beim Python-Installer muss gegebenenfalls noch ein Haken gesetzt werden bei „Add Python 3.x to PATH" – hierauf sollte geachtet werden.

```
MF ~ $ python
Python 3.7.1 (default, Dec 14 2018, 13:28:58)
[Clang 4.0.1 (tags/RELEASE_401/final)] :: Anaconda, Inc. on darwin
Type "help", "copyright", "credits" or "license" for more information.
>>>
```

Die Zeichen >>> signalisieren Ihnen, dass Sie sich in der Python-Umgebung befinden und es nun möglich ist, Programmcode einzugeben. Die Umgebung verlassen sie durch die Eingabe von `quit()`. Python selbst ist eine „dynamische" Sprache, d. h. alle Objekte (alle Variablen, Funktionen, Klassen, usw.) können während der Laufzeit des Programms ihren Namen oder Inhalt ändern. Eine Variable wird mit einem Gleichheitszeichen festgelegt (bzw. Sie geben einem Objekt dadurch einen Namen). Anders als in anderen Programmiersprachen üblich (z. B. in `Java`), müssen Sie in Python den Variablen nicht explizit einen Datentyp zuweisen (das hat Vor- und Nachteile). In `Java` würde man eine Variable des Datentyps `integer` (eine Ganzzahl) wie folgt definieren:

```
int numberOfMinutes = 60;
```

In Python hingegen schreiben Sie einfach Folgendes:

```
number_of_minutes = 60
```

Sie sehen schon hier, dass Sie in Python weniger Code schreiben müssen. Sie müssen auch die Codezeilen nicht mit einem Semikolon beenden, sondern beginnen einfach eine neue Zeile. Es lassen sich jedoch nicht nur einzelne Daten speichern, sondern auch Ergebnisse oder Funktionen. Das ist nützlich, wenn man mit den Variablen rechnen bzw. weiterarbeiten möchte. So ließe sich zum Beispiel der Mittelwert einer Zahlenreihe berechnen und diesen im weiteren Programmablauf einsetzen, wie in Code-Syntax 1-4 dargestellt. Im Beispiel sehen Sie die eingebaute `print()` Funktion, mit der Sie vom Computer eine Rückmeldung erhalten. Außerdem sehen Sie schon zwei weitere, eingebaute Funktionen, nämlich `sum()` und `len()`. Während erstere die Summe ausgibt, wird mit letzterer die Anzahl der Elemente berechnet, die in einem Objekt enthalten bzw. gespeichert sind. In unserem Fall ist das Objekt `alter` ein Datencontainer, genauer: eine Liste, die insgesamt fünf Elemente (fünf Ganzzahlen) enthält.

## 1.3 Erste Schritte mit Python

*Code-Syntax 1-4: Werte mit Namen referenzieren*
```
alter = [25, 30, 32, 43, 56]
mw = sum(alter) / len(alter)
print(mw)
# out: 37.2
```

Ein Hinweis sei bereits hier schon angebracht: Bisher wurde von Variablen gesprochen, aber genauer müsste es „Namen" lauten, da Python sogenannte Namensräume (`namespaces`) besitzt bzw. vergibt.[16] Wenn wir also `a = 3` schreiben, dann vergeben wir einen Namen (der Name „a" erhält eine Referenz zu Wert „3"). Das zu verstehen ist wichtig, besonders wenn unterschiedliche Module geladen werden, die eventuell gleiche Namen für Objekte (oder Funktionen usw.) bereitstellen (Module sind zusätzliche Pakete, die geladen bzw. importiert werden können). Um das Problem schon einmal zu verdeutlichen, können Sie ja einmal den Code der Code-Syntax 1-5 in Ihre Konsole eingeben.

*Code-Syntax 1-5: Namensräume in Python*
```
from math import pi
print(pi)   # out: 3.141592653589793
pi = 2
print(pi)   # out: 2
```

In diesem Beispiel importieren wir zunächst das Objekt `pi`, das im Modul `math` vorhanden ist.[17] Danach nutzen wir die `print()` Funktion und lassen uns den Wert des Objektes `pi` einmal ausgeben. Wir sehen, es handelt sich dabei um die Kreiszahl π. Das verwundert Sie jetzt sicherlich nicht, da wir die Zahl aus dem Mathe-Modul importieren. Nachfolgend weisen wir der Variable den Wert „2" zu. Wenn wir uns

---

16 Ich verwende die Begriffe „Variable" und „Namen" hier synonym.
17 Welche Objekte in welchem Modul implementiert worden sind bzw. welche Module überhaupt zur Verfügung stehen erfahren Sie aus der jeweiligen Dokumentation. Das math Modul ist ein Standard-Modul der Python-Bibliothek. Die notwendigen Informationen erhalten Sie also in der Python-Dokumentation bzw. direkt in den Paket-Dateien. Pakete sind, vereinfacht gesagt, nichts anderes als Python-Dateien (mit der Endung *.py), die durch den import Befehl in den Namensraum geladen werden. Auch die Zusatz-Module bzw. Pakete verfügen in der Regel über eine Dokumentation, die oftmals mit Beispielen versehen ist. Und wenn Sie einmal nicht weiterwissen – und das wird am Anfang oft der Fall sein –, dann scheuen Sie sich nicht, im Internet nach Informationen zu suchen. Glauben Sie mir, jeder macht dies, egal wie lange sie oder er schon dabei ist.

nun `pi` erneut ausgeben lassen, sehen wir, dass sich der Wert verändert hat. Das liegt daran, dass wir den Namen mit dem neuen Wert überschrieben haben. Das hängt wiederum mit dem besagten Namensräumen zusammen.

Man kann sich einen Namensraum zunächst wie eine leere Schublade vorstellen. Genau genommen sind alle Schubladen nie ganz leer, denn die eingebauten Funktionen werden stets in den Namensraum geladen und befinden sich sozusagen in jeder Python-Schublade. Wenn wir nun etwas anderes in unsere Schublade integrieren wollen, müssen wir dies aus anderen Schubladen importieren. In unserem Code-Beispiel importieren wir aus der Mathe-Schublade die Kreiszahl π. In einer Schublade ist alles eindeutig benannt, wir ändern in unserem Beispiel jedoch die Referenz. Der Name `pi` verweist also nicht mehr auf „3.1451…", sondern auf den Wert „2". Das Problem lässt sich lösen, weil in Namensräume auch ganze Module importiert werden können (Module bilden eigene Namensräume), aber auch weil zwischen `globalen` und `lokalen` Variablen unterschieden wird. Wenn wir zum Beispiel eine Funktion schreiben, und darin ein Objekt als „x" bezeichnen, dann ist dieses Objekt innerhalb der Funktion, also *lokal* als solches benannt. Wenn außerhalb der Funktion auch ein Objekt mit dem Namen „x" vorhanden sein sollte, dann existiert dieses *global*. Vereinfacht lässt sich daher sagen: Eine Python-Datei stellt den globalen Namensraum dar, während die Objekte innerhalb von Klassen und Funktionen, oder anderen Modulen jeweils einen eigenen Namensraum erhalten.

### 1.3.1 IPython: Interaktive Python Umgebung

Damit das Schreiben von Python-Code noch besser gelingt, gibt es ein paar Werkzeuge, oder Schreibumgebungen, die uns bei der Programmierung unterstützen. Nachfolgend werden dazu drei Möglichkeiten vorgestellt, die je nach Komplexität der Aufgabe hilfreich sind bzw. notwendig werden. Mit der Anaconda Distribution wird zum Beispiel das nützliche Werkzeug *IPython* installiert. Hierbei handelt es sich um eine Open Source Software, die das interaktive Programmieren in Python vereinfacht – zum Beispiel durch Vervollständigung des Codes.

Um diese interaktive Umgebung zu nutzen, geben Sie anstatt `python` einfach `ipython` in die Konsole ein. Alternativ kann IPython auch über die grafische Benutzeroberfläche, dem Anaconda Navigator, geladen werden (vgl. Abbildung 1-1). Gibt man den Befehl in der Konsole ein, sollte anschließend in etwa das Folgende zu sehen sein:

## 1.3 Erste Schritte mit Python

```
[MF ~ $ ipython
Python 3.7.1 (default, Dec 14 2018, 13:28:58)
Type 'copyright', 'credits' or 'license' for more information
IPython 7.2.0 -- An enhanced Interactive Python. Type '?' for help.

In [1]:
```

Auf den ersten Blick ist der Unterschied zur vorherigen Umgebung marginal. Auch hier können Sie nun Python-Code schreiben, jedoch profitieren Sie hierbei zum Beispiel von der „Syntaxhervorhebung", also dem Hervorheben der Python-Syntax sowie der hilfreichen Tab-Vervollständigung. Dadurch müssen Sie den Code nicht mehr komplett ausschreiben, sondern können einfach die Tabulator-Taste nutzen, um die Eingabe automatisch zu ergänzen – vorausgesetzt wird jedoch, dass der Name im Namensraum vorhanden ist. Der sogenannte Python-Interpreter erkennt hier also die Objekte, die standardmäßig vorhanden sind, etwa die eingebauten Funktionen, oder eben die Namen bzw. Variablen, die Sie vergeben haben. Der weitere Vorteil der IPython Umgebung ist, dass Sie eine Code-Historie erhalten, d. h. Sie können mithilfe der Pfeiltasten durch ihren Code navigieren. Wenn Sie den Pfeil aufwärts drücken, gehen Sie sozusagen rückwärts innerhalb der Zeitleiste, nach unten entsprechend vorwärts. Wenn Sie einen (vorherigen) Befehl erneut ausführen möchten, können Sie folglich „nach oben" navigieren, ohne alles erneut eintippen zu müssen.

```
In [1]: zeichenkette = "abrakadabra"
In [2]: zeichenkette.count("a")
Out[2]: 5
In [3]: zeichenkette.
         capitalize()   format_map()      isnumeric()       maketrans()       split()
         casefold()     index()           isprintable()     partition()       splitlines()
         center()       isalnum()         isspace()         replace()         startswith()
         count()        isalpha()         istitle()         rfind()           strip()
         encode()       isascii()         isupper()         rindex()          swapcase()
         endswith()     isdecimal()       join()            rjust()           title()
         expandtabs()   isdigit()         ljust()           rpartition()      translate()
         find()         isidentifier()    lower()           rsplit()          upper()
         format()       islower()         lstrip()          rstrip()          zfill()
```

Mithilfe der Tabulator-Taste können Sie sich auch alle verfügbaren *Methoden* eines Objektes anzeigen lassen. Was genau Methoden sind, lernen Sie gleich noch genauer kennen. Zunächst reicht es aus zu wissen, dass bestimmte Objekt- bzw. Datentypen wiederum spezifische Methoden anbieten, um diese Objekte zu bearbeiten bzw.

zu manipulieren. Sie können zum Beispiel bei einer Zeichenkette die Methode `count()` anwenden und die Häufigkeit eines bestimmten Buchstabens zählen. Methoden werden mit einem Punkt aufgerufen und erhalten in Rundklammern wiederum die passenden `Parameter`. Die Methode `count()` benötigt zum Beispiel ein Zeichen, das gezählt werden soll. Zudem können optionale Parameter übergeben werden. Im Fall von `count()` können zusätzlich noch ein Start- sowie ein Stopp-Wert angegeben werden, um die Suche einzugrenzen. Sie können ja einmal schauen, welche Methoden unser Objekt `zeichenkette` noch bereitstellt, indem Sie den Punkt anfügen und dann die `Tab`-Taste drücken.

*Abbildung* 1-1: *Anaconda Navigator*

Mithilfe der interaktiven Umgebung lässt sich bereits komfortabler programmieren, als in der basalen Umgebung. Auch hierbei wird der Code jedoch ausschließlich temporär gespeichert. Möchten Sie ihren Code dauerhaft speichern, ausführliche Skripte oder sogar ganze Programme schreiben, benötigen Sie andere Hilfsmittel. Besonders im wissenschaftlichen Bereich haben sich die `Jupyter Notebooks` etabliert. Ausführliche Skripte wiederum, die Sie zum Beispiel über die Konsole aufrufen können, lassen sich hingegen besser in einer integrierten Entwicklungsum-

## 1.3 Erste Schritte mit Python

gebung schreiben, einer sogenannten IDE (Integrated Development Environment). Auf beides wird nun kursorisch eingegangen.

### 1.3.2 Programmieren in Jupyter Notebooks

Auch die Jupyter Notebooks stehen Ihnen mit der Anaconda Distribution bereit. Entweder öffnen Sie diese über den Anaconda Navigator, oder indem Sie den Befehl jupyter notebook in die Konsole eingeben, wonach sich ihr Webbrowser öffnen sollte. Ein neues Notebook können Sie erstellen, indem Sie oben rechts auf „New" klicken und dann „Python 3" auswählen. Abschließend sollte Ihnen ein neues, noch unbenanntes Notebook bereitstehen (vgl. Abbildung 1-2). Kommt Ihnen die Eingabezeile bekannt vor? Sicherlich, denn sie entspricht der Eingabezeile der IPython-Konsole.

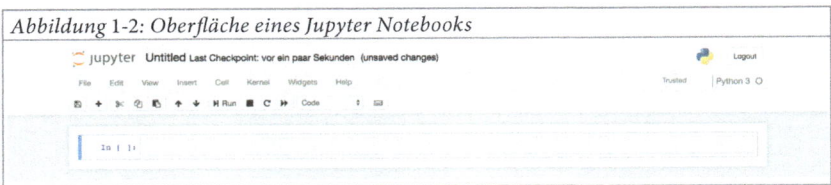

*Abbildung 1-2: Oberfläche eines Jupyter Notebooks*

Auch hier können Sie wieder die Auto-Vervollständigung nutzen, ebenfalls mit der **Tab**-Taste. Einen Programmbefehl bzw. Programmcode können Sie entweder durch das Drücken des „Run"-Buttons auslösen. Wenn Sie ihren Python-Code ausführen möchten, können Sie dazu auch Tastenkombination anwenden (hier für Mac OS):

- `ctrl + Enter    -> Code ausführen, in aktueller Zeile bleiben`
- `shift + Enter   -> Code ausführen, in neue Zeile springen`
- `alt + Enter         -> Code ausführen und neue Zeile einfügen`

Neben diesen Kurzbefehlen stehen noch zahlreiche weitere Befehle zur Verfügung.[18] Einen Überblick erhalten Sie, wenn Sie das Tastatur-Symbol anklicken, das sich in der oberen Leiste befindet, rechts neben dem Auswahlfeld, in dem wiederum „Code" steht (vgl. Abbildung 1-2).

---

18 Die Dokumentation für das Jupyter Notebook findet sich unter der folgenden Adresse: https://jupyter.readthedocs.io/en/latest/running.html

Ein weiterer Vorteil des Notebooks ist es, dass Sie sich den sogenannten Docstring anzeigen lassen können (vgl. Abbildung 1-3). Dabei handelt es sich um einen Hilfetext, der den Python-Objekten zur Verfügung steht (etwa den Funktionen oder Klassen). Wenn Sie sich einmal nicht sicher sein sollten, wie etwas angewendet wird, können Sie Shift+Tab drücken und erhalten ein kleines Fenster angezeigt, das Ihnen Informationen bezüglich des Objektes liefert. Wenn Sie Shift+Tab,Tab drücken (also die Tabulator-Taste zwei Mal hintereinander), dann erweitert sich das Informationsfenster. Wenn Sie wiederum auf den Pfeil klicken, der nach oben zeigt und sich rechts in der Info-Box befindet, können Sie die Hilfe im unteren Teil des Fensters anpinnen.

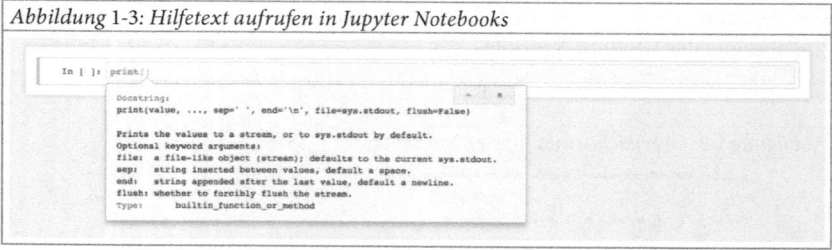

Abbildung 1-3: *Hilfetext aufrufen in Jupyter Notebooks*

Bei einem Jupyter Notebook handelt es sich letztlich um nichts anderes als eine IPython-Konsole, die jedoch im Web-Browser läuft. Der Vorteil ist, dass man den Code nicht nur speichern, sondern auch anderen Personen zur Verfügung stellen kann. Das ist besonders relevant, wenn die Arbeitsschritte für andere nachvollziehbar sein sollen, wie es etwa in der Wissenschaft üblich ist. In Abbildung 1-4 sehen Sie dieses Prinzip stark vereinfacht dargestellt. Wenn Sie zum Beispiel eine Berechnung durchführen, dann bleibt die Ausgabe (das Ergebnis) erhalten. Sie können das Notebook anschließend als PDF- oder HTML-Datei exportieren und anderen übermitteln, oder auf einen Web-Server hochladen und den Link versenden.

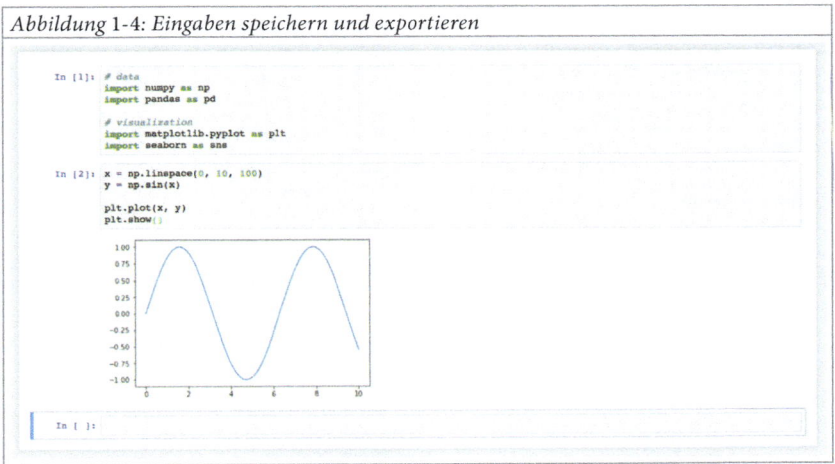

*Abbildung 1-4: Eingaben speichern und exportieren*

### 1.3.3 Programmieren in Entwicklungsumgebungen

Neben den Jupyter Notebooks steht zur Programmierung auch die Entwicklungsumgebung „Spyder" zur Verfügung, die ebenfalls in der Anaconda Distribution integriert wurde. Der Name Spyder steht für „Scientific Python Development Environment" und ist besonders für Forschungsarbeiten interessant, weil Sie mit dem „Variable Explorer" ein Programm-Feature bereitstellt, das anderen Entwicklungsumgebungen fehlt. Immer dann also, wenn man mit Tabellen arbeitet (bzw. Datensätzen), ist dieser Explorer sehr hilfreich, um einen besseren Einblick in die Daten zu erhalten. Er zeigt dabei alle Daten an, die in der aktuellen Session (Laufzeit) vorhanden sind und ermöglicht zudem, jene Informationen mithilfe der grafischen Benutzeroberfläche zu bearbeiten. Neben dieser Komponente bietet Spyder noch einen Editor zum Schreiben von Programmcode sowie eine IPython-Konsole an, aber auch einen Debugger, mit dem sich Fehler im Code leichter finden lassen (vgl. Abbildung 1-5).

*Abbildung 1-5: Benutzeroberfläche der Spyder-IDE*

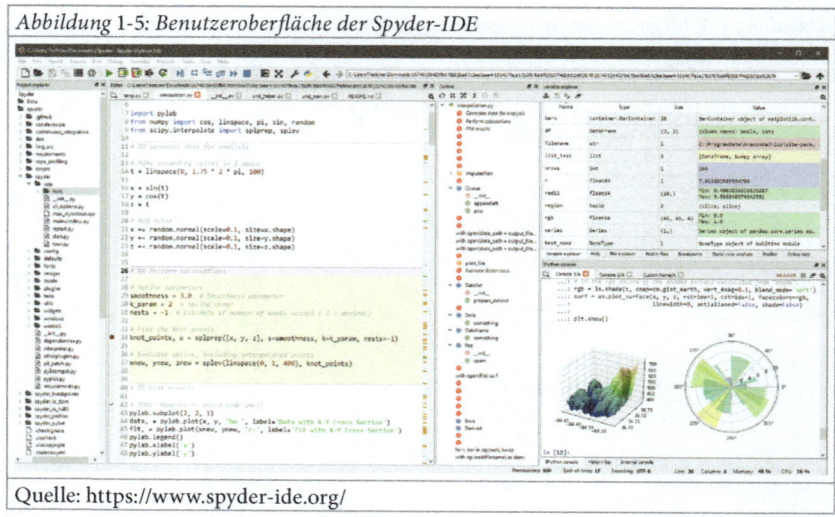

Quelle: https://www.spyder-ide.org/

Die IDE bietet im Grunde alles, was man für das Schreiben von komplexeren Abläufen oder Programmen benötigt. Spyder wurde übrigens selbst in Python geschrieben und wird ständig weiterentwickelt. Selbstredend existieren weitere Entwicklungsumgebungen, wie *PyCharm* (JetBrains), *VS Code* (Microsoft), *Atom* (Github) sowie *Sublime Text* (Sublime), die zum Programmieren genutzt werden können. All diesen Editoren bzw. Umgebungen fehlt jedoch der „Variable Explorer" (oder dieser ist meiner Meinung nach weniger gut implementiert), sodass Spyder besonders im Forschungsbereich seine Stärken ausspielen kann. Auch Spyder kann mithilfe des Anaconda Navigators oder der Konsole geöffnet werden. Der Konsolen-Befehl lautet einfach **spyder**, nach dessen Eingabe sich das gleichnamige Programm öffnet.[19] Die Oberfläche der IDE kann zudem nach den eigenen Vorstellungen angepasst werden. So kann unter anderem die Anordnung der einzelnen Fenster geändert werden, sowie die Farbgebung im Editor. Hierfür stehen bereits Farb-Templates zur Verfügung – auch diese lassen sich jedoch nach Belieben ändern.

---

[19] Falls dies nicht gelingt, muss erneut eine Umgebungsvariable gesetzt werden. Anleitungen dazu finden sich wiederum im Internet. Der Vorgang unterscheidet sich für die jeweiligen Betriebssysteme, daher wird darauf verzichtet, genauer darauf einzugehen, vor allem, da sich Spyder über den Anaconda Navigator ebenso öffnen lässt.

## 1.4 „Pythonic" Code schreiben: Zen of Python und PEP8

Bevor wir uns im nächsten Kapitel näher mit der Syntax vertraut machen, möchte ich abschließend noch auf den „Zen of Python" sowie allgemein die PEP-Richtlinien verweisen. Python ist derzeit eine der beliebtesten Programmiersprachen, weil der Code einfach zu schreiben und zu lesen ist. Das liegt unter anderem auch an den Vorgaben, die man beim Schreiben des Codes berücksichtigen sollte (jedoch nicht muss). Python wurde auch deshalb entwickelt, weil damalige Programmiersprachen umständlich waren und großen „Zeichenballast" mit sich brachten. Python hingegen sollte sehr gut lesbar und leicht nachvollziehbar sein. In den *Python Enhancement Proposals* (kurz: PEP) werden die entsprechenden Richtlinien festgehalten, unter anderem der sogenannte „Zen of Python" (PEP20). Der Zen-Text lässt sich wie folgt aufrufen:

```
import this
```

Im „Zen of Python" sind Prinzipien niedergeschrieben, die guten Code ausmachen. Es sind *Richtlinien* und keine „Gesetze" oder dergleichen. Daher muss man sich nicht nach diesen Vorgaben richten, aber man sollte es – vor allem dann, wenn man ernsthaft überlegt, weiterführend programmieren zu wollen. Andere EntwicklerInnen erkennen, ob man sich an diese Richtlinien hält und genau daran wird dann auch die Code-Qualität gemessen. Aus diesem Grund ist es ratsam, sich diesen Richtlinien zu widmen und Sie zu verinnerlichen, um bereits von Beginn an guten Code zu schreiben, wenngleich man natürlich stets dazulernt. Der „Zen of Python" ist nachfolgend aufgelistet:

1. Beautiful is better than ugly.
2. Explicit is better than implicit.
3. Simple is better than complex.
4. Complex is better than complicated.
5. Flat is better than nested.
6. Sparse is better than dense.
7. Readability counts.
8. Special cases aren't special enough to break the rules.
9. Although practicality beats purity.
10. Errors should never pass silently.
11. Unless explicitly silenced.
12. In the face of ambiguity, refuse the temptation to guess.
13. There should be one – and preferably only one – obvious way to do it.

14. Although that way may not be obvious at first unless you're Dutch.
15. Now is better than never.
16. Although never is often better than *right* now.
17. If the implementation is hard to explain, it's a bad idea.
18. If the implementation is easy to explain, it may be a good idea.
19. Namespaces are one honking great idea – let's do more of those!

Python Code ist gemäß dieser Konvention (PEP20) „pythonic", wenn er sehr gut lesbar ist und vor allem explizit formuliert wird, was man mit dem Code erreichen will (z. B. welche Werte einer Funktion übergeben werden können, was genau diese macht und was sie letztlich wieder ausgibt). Hat man zum Beispiel vor, den Namen einer Automarke in eine Variable zu speichern, ist „x" weniger aussagekräftig als zum Beispiel „car_name". Diese Benennung wäre zudem auch für andere leicht zu erschließen. Ferner sollte der Code nicht in unendliche Tiefen verschachtelt, sondern in verschiedene Aufgaben unterteilt bzw. ausgelagert werden. Es ist also sinnvoller drei, vier oder fünf einfache Funktionen zu schreiben und nacheinander aufzurufen, als nur eine Funktion, die alle Abläufe enthält. Durchaus denkbar sind auch mehrere Funktionen, die dann in einer Funktion gebündelt und sozusagen nur mit der „gebündelten" Funktion aufgerufen werden.

All dies dient dazu, den Programmcode lesbarer zu gestalten und dadurch besser verstehen sowie nachvollziehen zu können. Das gilt auch für den eigenen Code, denn nach einiger Zeit müssen auch Sie sich erneut in das von Ihnen Geschriebene hineindenken. Auch da hilft es, wenn alles gut nachvollziehbar ist. Das ist zudem von zentraler Bedeutung, wenn viele Menschen gemeinsam an (größeren) Projekten arbeiten. Glücklicherweise muss man sich nicht alle Richtlinien merken, dafür gibt es wiederum Erweiterungen, die den geschriebenen Code gemäß den Konventionen überprüfen. Diese Funktion ist zum Beispiel in Spyder integriert bzw. kann dort in den Einstellungen aktiviert werden.

In den PEP8-Richtlinien finden sich wiederum die wesentlichen Hinweise zur Formatierung von Python-Code. Die Richtlinien sollen vor allem dazu führen, konsistenten Code zu schreiben. Der Programmierer Kenneth Reitz weist darauf sehr deutlich hin: „A style guide is about consistency. Consistency with this style guide is important. Consistency within a project is more important. Consistency within one module or function is the most important. However, know when to be inconsistent – sometimes style guide recommendations just aren't applicable. When in doubt, use your best judgment" (www.pep8.org). Einige Konventionen lauten etwa:

- zur Einrückung 4 Leerzeichen verwenden
- Zeilenlänge auf 79 Zeichen begrenzen

- lange Zeilen mit Rundklammern umbrechen, nicht mit einem „\"
- Module in folgender Reihenfolge importieren:
  - Standard Bibliothek
  - Module von Drittanbietern
  - lokale Module
- ein Import pro Zeile
- sogenannte „wildcard imports" vermeiden (from module import *)

Auf der Seite www.pep8.org werden noch weitere Aspekte benannt und exemplarisch aufgezeigt. Es ist ratsam, diese Seite einmal zu besuchen bzw. sich die PEP8-Vorgaben anzuschauen und bestenfalls zu verinnerlichen.

# Python verstehen und anwenden 2

### Zusammenfassung

In diesem Kapitel werden die Basis-Konzepte und Datentypen von Python dargestellt. Es zielt darauf ab, Python danach verstehen und eigenständig anwenden zu können. Zunächst werden dazu alle wichtigen Datentypen sowie Datencontainer vorgestellt. Zudem wird geklärt, wie man Programmabläufe steuern und beeinflussen kann. Da im Programmablauf auch Fehler auftreten können, wird ferner besprochen, wie man mit diesen umgehen kann. Abschließend lernen wir eigene Funktionen zu schreiben sowie Daten einzulesen bzw. zu speichern.

### Schlagwörter

Python, Syntax, Funktionen, Datentypen, Daten einlesen, Daten exportieren, For-Loops,

Das folgende Kapitel bietet einen Überblick in die wesentlichen Aspekte von Python. Hierzu zählen die unterschiedlichen Datentypen sowie Datencontainer, aber auch, wie man eigene Funktionen formuliert, oder mit Fehlermeldungen umgeht. Nicht alle Aspekte können hierbei behandelt werden, so wird das Thema „Klassen" komplett ausgespart. Die wichtigsten Konzepte und Funktionsweisen werden jedoch besprochen, sodass komplexe Abläufe trotzdem realisiert werden können. Zunächst werden die Datentypen und -container vorgestellt. Das Verständnis für diese ist zentral und grundlegend für alle weiteren Programmierschritte. Anschließend wird dargelegt, wie Funktionen geschrieben werden können. Das ist Programmcode, den man wiederverwenden kann und bestimmte Aufgaben für uns erledigt. Danach wird gezeigt, wie man Programmabläufe steuern kann und was sich unternehmen lässt, wenn Fehler auftauchen bzw. wie man mit diesen umgehen kann. Abschließend wird besprochen, wie man Dateien einlesen und schreiben kann. Jeder Datentyp hat seine Besonderheiten, d. h. bestimmte Methoden, die darauf angewendet werden können.[20] Diese Datentypen zu verstehen, ist wichtig, Sie sollten sich daher etwas Zeit nehmen und die Eingaben bestenfalls nebenher nachvollziehen. Haben Sie auch keine Scheu, etwas auszuprobieren, denn Programmieren erlernen ist wesentlich damit verbunden, Fehler zu machen, diese zu verstehen und beim nächsten Mal zu antizipieren. Seien Sie also nicht gefrustet, wenn etwas nicht gleich beim ersten Mal funktioniert – das ist eher der Regelfall.

## 2.1 Datentypen: Zahlen und Zeichenketten

Python stellt zwei bzw. drei *Zahlenformate* bereit, und zwar Ganzzahlen (int), Dezimal- bzw. Fließkommazahlen (float) und komplexe Zahlen (complex). Auf letztere werden wir nicht weiter eingehen, da sie für unsere Zwecke nicht relevant sind. Im Gegensatz zu Ganzzahlen werden Fließkommazahlen mit einem Punkt markiert. Dass hierbei kein Komma verwendet wird, liegt an dem Umstand, dass ein solches zur Trennung von Parametern bzw. Werten genutzt wird. Mit den Zahlenwerten können wiederum mathematische Rechenoperationen durchgeführt werden. Python bzw. der Python-Interpreter fungieren also in der einfachsten Form als „überdimensionierter" Taschenrechner. In Code-Syntax 2-1 findet sich eine Übersicht typischer mathematischer Rechenoperationen.

*Zeichenketten* (str) sind wiederum eine Aneinanderreihung von Zeichen, Leerzeichen oder weiteren Symbolen (z. B. Satzzeichen, Sonderzeichen, etc.). Zeichenketten kann man am ehesten als Text verstehen, wobei nicht nur Buchstaben bzw. Buchstabenfolgen, sondern auch Zahlen als Buchstaben interpretiert werden. Es gibt zwei Möglichkeiten, Zeichenketten zu definieren, dabei gilt: Alle Zeichen, die innerhalb von einfachen bzw. doppelten Anführungszeichen stehen, werden als Zeichenkette interpretiert (vgl. Code-Syntax 2-2). Ob man einfache oder doppelte Anführungszeichen nutzt, spielt dann eine Rolle, wenn man ein Zitat markieren möchte. So müssen die Zitat-Anführungen entweder einfach gesetzt werden, wenn man eine Zeichenkette mit doppelten Anführungszeichen definiert, oder umgekehrt. Es lassen sich natürlich auch mehrzeilige Zeichenketten erstellen. Hierzu werden dann drei Anführungszeichen am Anfang sowie am Ende der Zeichenkette ver-

---

20 Weitere Informationen finden sich in der Dokumentation, die hier aufgerufen werden kann: https://docs.python.org/3.7/library/stdtypes.html.

## 2.1 Datentypen: Zahlen und Zeichenketten

*Code-Syntax 2-1: Typische mathematische Operationen*

```
# Addition
2 + 3

# Subtraktion
3.3 - 2

# Multiplikation
2 * (3.141 - 2)

# Division
10 / 4

# Division ohne Rest
10 // 4

# Modulo bzw. Rest
10 % 3

# Potenz
5 ** 5
```

wendet. Auch hier ist es wichtig, dass die gewählten Anführungen übereinstimmen. Die mehrzeiligen Zeichenketten werden zum Beispiel in Funktionen zur Definition des Hilfetextes verwendet. Ferner können Zeichenketten auch leer sein, wenn sie keine Zeichen enthalten, also nur die Anführungszeichen verwendet werden.

*Code-Syntax 2-2: Zeichenketten festlegen*

```
# einfache Anführungszeichen
x = 'Hallo Welt.'
# doppelte Anführungszeichen
y = "Hallo Welt."
print(x == y)
#out: True

quote1 = "Sie sagte 'Hallo' zu mir."
quote2 = 'Sie sagte "Hallo" zu mir.'
print(quote1 == quote2)
#out: False

# Eine mehrzeilige Zeichenkette
z = """Diese Zeichenkette besteht aus mehreren Zeilen.
Das hier ist die zweite Zeile,
das ist die dritte."""
```

In den *Python Enhancement Proposals* (genauer: PEP8), also den Stilvorgaben bzw. Richtlinien für die Formatierung von Python-Code, wird vorgeschlagen, Zeilenlängen auf 79 bzw. 80 Zeichen zu begrenzen. Wie können Zeichenketten nun so geschrieben werden, dass man das Zeichenlimit pro Zeile nicht überschreitet? In Code-Syntax 2-3 werden hierzu zwei Möglichkeiten präsentiert. Im ersten Beispiel wird ein *Backslash* genutzt, in der zweiten Variante wird der Code wiederum in *Rundklammern* gesetzt. So lässt sich etwa eine lange Internet-Adresse (URL) auf mehrere Zeilen aufteilen, ohne der Adresse jedoch Zeilenumbrüche hinzuzufügen.

*Code-Syntax 2-3: Lange Zeilen umbrechen*
```
# Zeilenumbruch mit einem Backslash
url1 = "http://www.example.com/very_long_path/sub_folder/" \
       "another_sub_folder/2014/08/14/about.html"

# Zeilenumbruch mit Rundklammern
url2 = ("http://www.example.com/very_long_path/sub_folder/"
        "another_sub_folder/2014/08/14/about.html")

print(url1 == url2)
#out: True
```

Oftmals reicht es nicht aus, Zeichenketten einmalig zu definieren, vielmehr soll Text dynamisch angepasst bzw. eingefügt werden können. Mit anderen Worten, es ist sinnvoll, bestimmte Inhalte innerhalb der Zeichenkette automatisch einfügen zu können. Hierzu bietet Python die Möglichkeit an, Zeichenketten zu formatieren (vgl. Code-Syntax 2-4). Grundsätzlich lässt sich dies durch drei verschiedene Vorgehensweisen realisieren, wobei die erste der folgenden Methoden lange Zeit als Standard galt, jedoch aktuell nicht mehr empfohlen wird. Die Formatierung im `printf`-Stil soll einerseits aus Gründen der Vollständigkeit trotzdem präsentiert werden, andererseits auch deshalb, weil viele EntwicklerInnen diese Variante noch nutzen und man sie zumindest lesen bzw. verstehen können sollte.[21]

---

21  Vgl. ausführlich https://docs.python.org/3/library/stdtypes.html#printf-style-string-formatting.

## 2.1 Datentypen: Zahlen und Zeichenketten

*Code-Syntax 2-4: Möglichkeiten zur Textformatierung*
```
i = 1

# printf-Stil
url1 = "http://www.example.com/search.html?page=%s" %i

# format()-Methode
url2 = "http://www.example.com/search.html?page={}".format(i)

# f-String (seit Python-Version 3.6)
url3 = f"http://www.example.com/search.html?page={i}"

print(url1 == url2 == url3)
#out: True

# dynamisch
for i in range(1, 4):
    url = "http://www.example.com/search.html?page={}".format(i)
    print(url)

#out: http://www.example.com/search.html?page=1"
#out: http://www.example.com/search.html?page=2"
#out: http://www.example.com/search.html?page=3"
```

All diese Methoden haben zum Ziel, Inhalte dynamisch in Zeichenketten einzufügen. Das ist dann interessant, wenn sich etwa bei einer Suchanfrage nur der Seitenindex ändert und sich die Suchseiten daher in einfacher Weise aufrufen lassen. Die dargestellten Beispiele sind relativ einfach gehalten und bisher ist auch nicht unbedingt ersichtlich, warum man die erste Formatierungsmethode nicht verwenden sollte – schließlich ist sie relativ kurz. Dies ändert sich jedoch, wenn mehrere Variablen dynamisch eingefügt werden sollen. Besonders die `format()`-Methode spielt hierbei ihre Vorzüge aus. In Code-Syntax 2-5 sind daher etwas fortgeschrittene Methoden zur Formatierung aufgezeigt.

*Code-Syntax 2-5: Fortgeschrittene Methoden zur Textformatierung*

```python
# Formatierung mit tuple-Unpacking
data = ("Python", "PEP8")
satz = "Schreibe {} nach {}!".format(*data)
print(satz)    #out: Schreibe Python nach PEP8!

# Formatierung mit dict-Unpacking
data = {"lang": "Python", "style": "PEP8"}
satz = "Schreibe {lang} nach {style}!".format(**data)
print(satz)    #out: Schreibe Python nach PEP8!

# Funktionen in f-Strings einbinden
data = [1, 2, 3, 4, 5]
satz = f"Die Liste besteht aus {len(data)} Elementen."
print(satz)    #out: Die Liste besteht aus 5 Elementen.
```

Das in diesem Beispiel gezeigte „Unpacking", ist ein Vorzug von Python. Das Entpacken von Daten mithilfe des Asterisk-Symbols (*, **) ist sehr komfortabel und spart Codezeilen. Unpacking mit einem Stern wird dabei als `Tuple`-Unpacking bezeichnet; werden hingegen zwei Sterne verwendet, bezeichnet man dies als `Dictionary`-Unpacking. Das Entpacken bezieht sich also auf bestimmte Datenstrukturen, die wir später noch genauer kennenlernen und betrachten werden (vgl. Abschnitt 2.2). Aber auch die `f-string` Variante bringt ihre Vorzüge mit sich. Die Schreibweise ähnelt dem `format`-Befehl, d. h. auch hierbei werden die geschweiften Klammern genutzt. Der Unterschied besteht jedoch darin, dass man innerhalb der Klammern auch weitere Funktionen einfügen kann. Das ist bei `format` nicht möglich, hier würde ein sogenannter `KeyError` aufgerufen werden, der signalisiert, dass ein bestimmter Schlüssel (Key) nicht gefunden wurde. Schlüssel-Wert-Paare werden wir später im Rahmen der Dictionaries kennenlernen. Ferner können beliebige Daten in die Zeichenketten umgewandelt werden. Dies geschieht entweder mithilfe der eben besprochenen Formatierung oder mit der eingebauten Funktion `str()`.[22]

Einer Zeichenkette stehen zudem bestimmte Methoden zur Verfügung. Methoden sind sozusagen Funktionen, die an ein Objekt gebunden sind und mit deren Hilfe man bestimmte Datenoperationen durchführen kann. Einige Methoden für Zeichenketten sind in Code-Syntax 2-6 aufgezeigt.

---

22  Es handelt sich, genau genommen, dabei um dasselbe Objekt, jedoch kann es als quasi-Funktion verwendet werden.

## 2.1 Datentypen: Zahlen und Zeichenketten

*Code-Syntax 2-6: Methoden von Zeichenketten (Auswahl)*

```
s = "Hallo Welt"
s.lower()                  # 'hallo welt'
s.upper()                  # 'HALLO WELT'
s.startswith("H")          # True
s.endswith("x")            # False
s.isdigit()                # False
str.isdigit("6")           # True
s.split(" ")               # ["Hallo", "Welt"]
"-".join(s.split(" "))     # 'Hallo-Welt'
```

Da eine Zeichenkette im Grunde nur eine Aneinanderreihung von Zeichen darstellt, können wir auch auf die einzelnen Zeichen zugreifen. Dies geschieht mithilfe der sogenannten „Indexierung" und wird in Code-Syntax 2-7 demonstriert. Ein Index bezeichnet dabei eine bestimmte Position und wird mit eckigen Klammern und der entsprechenden Index-Zahl angegeben. Zu beachten ist dabei, dass die Zählung bei dem Wert „0" beginnt. Zudem lassen sich negative Zahlen eingeben, wodurch die Indexierung am Ende des Objekts beginnt.

*Code-Syntax 2-7: Indexierung von Zeichenketten*

```
n = "0123456789"
n[0]                # '0'
n[0:3] == n[:3]     # True
n[0:9]              # '012345678'
n[:]                # '0123456789'
n[::2]              # '02468'
n[1::2]             # '13579'
n[::-1]             # '9876543210'
```

Die Indexierung hat dabei folgende Optionen: `[Start:Stop:Abstand]`. Es lässt sich also ein Intervall angeben, das zudem nur Werte in einem bestimmten Abstand ausgibt (zum Beispiel nur jeden zweiten Wert). All diese Parameter sind zudem optional, man kann sie also angeben, ist dazu jedoch nicht gezwungen. Vor allem kommunikationswissenschaftliche Forschung, die stark inhaltsanalytisch geprägt ist, arbeitet häufig mit Text-Daten. Wenn wir uns später mit der Datenerhebung beschäftigen, wird dies besonders der Fall sein (vgl. Abschnitt 4.2).

## 2.2 Datencontainer: Listen, Dictionaries, Tuple und Sets

Im folgenden Abschnitt werden wir verschiedene Datencontainer kennenlernen. Zunächst werde ich auf *Listen* eingehen, in denen unterschiedliche Daten gespeichert werden können und sehr häufig zum Einsatz kommen. Danach werde ich auf das *Dictionary* eingehen. Mit diesen lassen sich vor allem Daten abgleichen und gewissermaßen „übersetzen". Abschließend werde ich auf *Tuple* sowie *Sets* eingehen. Tuple sind Datencontainer bzw. Datensequenzen, die unveränderlich („immutable") sind und ihre Reihenfolge behalten. Sets sind Mengen, in denen die Werte jeweils nur einmal vorkommen.

### 2.2.1 Listen (list)

Listen sind Datencontainer, die leer sein bzw. beliebig viele sowie auch unterschiedliche Datentypen enthalten können. Oftmals wird eine Liste auch als `Array` bezeichnet, diese beinhalten jedoch (oftmals) nur einen Datentyp. Eine (leere) Liste wird durch eckige Klammern instanziiert (vgl. Code-Syntax 2-8). Leere Listen können grundsätzlich auch mit der `list()`-Funktion erstellt werden. Hiervon ist jedoch abzuraten, da der Vorgang etwas langsamer ist als mit eckigen Klammern. Die Funktion `list()` wird jedoch genutzt, um Objekte in eine Liste zu konvertieren. Listen haben den Vorteil, Elemente mehrfach enthalten zu können. Stellen wir uns zum Beispiel eine Umfrage vor, bei der die Befragten auf einer Skala von „1" bis „5" antworten können. Selbstredend können diese Werte mehrfach angegeben werden – uns interessiert ja gerade deren Verteilung. Hier bietet es sich daher an, die Werte in einer Liste (bzw. einem Array) zu speichern.

*Code-Syntax 2-8: Listen erstellen*
```
# leere Listen erstellen
liste_leer1 = []
liste_leer2 = list()
liste_leer1 == liste_leer2
#out: True

# Listen erstellen mit unterschiedlichen Datentypen
liste_inhalt = [1, 2.0, "drei", ["Hallo", "Welt"], {"key":"value"}]

# list()-Funktion auf Objekte anwenden
list("Hello")
#out: ['H', 'e', 'l', 'l', 'o']
```

## 2.2 Datencontainer: Listen, Dictionaries, Tuple und Sets

Auf die Inhalte einer Liste können wir ebenfalls durch Indexierung zugreifen, wobei ein Index auch hier auf die Position eines Elementes verweist (vgl. Code-Syntax 2-9). Wir erinnern uns, da in Python die Zählung bei „0" beginnt, besitzt das erste Element einer Liste folglich als entsprechenden Index ebendiesen Wert. Die Indexierung wird auch hierbei mit eckigen Klammern durchgeführt und kann dabei erneut mit drei Parametern spezifiziert werden, nämlich durch den Start-, den Stopp- sowie den Schritt-Wert. Es lassen sich also nicht nur einzelne Werte ausgeben, sondern auch Teile (oder Bereiche) der Liste. Wichtig ist und das wird in der Syntax ersichtlich, dass die untere Grenze eines Intervalls inkludiert wird, während dies für die obere Grenze nicht gilt. Das entspricht der Intervall-Notation [a, b) – das Intervall enthält also „a", aber nicht „b" (das Intervall ist folglich „rechtsoffen").

*Code-Syntax 2-9: Indexierung von Listen*
```
liste = [9, 8, 7, 6, 5, 4]
liste[1:3]              # [8, 7]
liste[:2]               # [9, 8]
liste[3:]               # [6, 5, 4]
liste[1::2]             # [8, 6, 4]
liste[-1::-1]           # [4, 5, 6, 7, 8, 9]
```

Mit einer Liste können wiederum verschiedene Operationen durchgeführt werden, zum Beispiel lassen sich Elemente hinzufügen, sortieren oder entfernen, wie exemplarisch in Code-Syntax 2-10 dargestellt wird. In der Dokumentation finden sich noch weitere Methoden, auch hier lohnt sich also ein Blick. Außerdem wird im Modul `collections` das Objekt `deque` bereitgestellt, ebenfalls ein Listen ähnlicher Datencontainer, der jedoch über noch weitere sowie sehr hilfreiche Methoden verfügt (zum Beispiel das *beidseitige* Hinzufügen von Elementen).

*Code-Syntax 2-10: Methoden von Listen (Auswahl)*
```
liste1 = []
liste2 = [4, 5]
liste3 = [4, 3, 2, 5, 1]
liste1.append(1)        # Element anfügen -> [1]
liste1.extend(liste2)   # Liste erweitern -> [1, 4, 5]
liste1.pop()            # letztes Element herauslösen -> [1, 4]
liste3.sort()           # Liste sortieren -> [1, 2, 3, 4, 5]
liste3.remove(3)        # spezifisches Element entfernen -> [1, 2, 4, 5]
```

Ferner haben wir gesehen, dass Listen verschachtelt sein können. In der Bibliothek `itertools` findet sich eine Funktion, die eine Liste mit weiteren, jedoch nicht verschachtelten Listen sehr einfach in eine Einzelliste konvertiert, die alle Elemente aus den Ursprungslisten enthält. In Code-Syntax 2-11 ist ein einfaches Beispiel gezeigt, das die Anwendung demonstriert.

---

*Code-Syntax 2-11: Listen entschachteln mit itertools*

```python
import itertools

liste = [[1,2,3], [4, 5, 6]]
chain1 = list(itertools.chain(*liste))
chain2 = list(itertools.chain.from_iterable(liste))

print(chain1 == chain2)
#out: True

print(chain1)
#out: [1, 2, 3, 4, 5, 6]
```

---

### 2.2.2 Dictionary (dict)

Ein Dictionary wird durch geschweifte Klammern instanziiert und erhält zudem ein Schlüssel-Wert-Paar (Key-Value-Pair), wobei jeder Schlüssel (jeder Key) nur einmal vorhanden ist. Auch ein Dictionary kann bei der Instanziierung leer bleiben. Sollen jedoch Werte übergeben werden, wird zunächst der Schlüssel geschrieben, danach folgt – getrennt durch einen Doppelpunkt – der dazugehörige Wert. Wie ein Dictionary erstellt und wie auf die Werte zugegriffen wird, lässt sich Code-Syntax 2-12 nachvollziehen. Zudem können Dictionaries auch mit der `dict()`-Funktion erstellt werden. Dabei ist zu beachten, dass als Parameter nur die Zeichen infrage kommen, die auch für die Vergabe von Namen bzw. Variablen möglich sind. Variablen können nicht mit einer Zahl beginnen oder Sonderzeichen enthalten.

Im Gegensatz zu Listen werden die Daten nicht durch die jeweiligen Index-Positionen abgefragt, sondern mithilfe der Schlüssel- bzw. Key-Werte. Möchte man ein Dictionary sortieren, kann der Code aus Code-Syntax 2-13 verwendet werden. Dabei kommen zwei Konzepte zum Einsatz, auf die wir gleich noch genauer eingehen werden, nämlich eine `lambda` Funktion (anonyme Funktionen) sowie eine sogenannte Dictionary „Comprehension" (eine Kurzschreibweise). Wir greifen zudem auf die eingebaute Funktion `sorted()` zurück, dessen Parameter `key` (nicht mit dem Dictionary-Key verwechseln!) wiederum eine Funktion zur Sortierung übernimmt. Da die `items()`-Methode des Dictionary die Key-Value-Paare als Tuple `(k, v)`

## 2.2 Datencontainer: Listen, Dictionaries, Tuple und Sets

*Code-Syntax 2-12: Ein Dictionary-Objekt erstellen*
```python
# Dictionary mit geschweiften Klammern instanziieren
d = {"key1": "val1", "key2": "val2"}

# dict indexing
print(d["key2"])
#out: 'val2'

# Werte ändern
d["key2"] = "val2_neu"
print(d["key2"])
#out: 'val2_neu'

# Dictionary mit dict-Funktion
dict(hallo="welt")
# {'hallo': "welt"}

dict(1="eins")
# SyntaxError: keyword can't be an expression
```

zurückgibt, können wir mit der Lambda-Funktion festlegen, welchen der beiden Werte wir als Grundlage für die Sortierung verwenden wollen (hier die Schlüssel des Dictionary; `x[0]=k`, `x[1]=v`).

*Code-Syntax 2-13: Ein Dictionary sortieren*
```python
d = {3: "drei", 1: "eins", 2: "zwei"}

d_sorted = {k:v for (k,v) in sorted(d.items(), key=lambda x: x[0])}

print(d_sorted)
#out: {1: 'eins', 2: 'zwei', 3: 'drei'}
```

Auch eine Dictionary-Instanz verfügt über mehrere Methoden. Wesentlich sind vor allem die Methoden `get()`, `keys()` und `values()` sowie `items()`, die nachfolgend in Code-Syntax 2-14 demonstriert werden. Dort ist zunächst gezeigt, wie wir die `get()`-Methode nutzen, um einen Datenabgleich zu vollziehen. Im Beispiel existiert ein Wörterbuch mit Begriffen auf Deutsch und die entsprechenden englischen Übersetzungen. Die `get()`-Methode gibt uns nach der Eingabe des Schlüssels, den entsprechenden Wert aus, der im Dictionary hinterlegt ist. Sollte der Wert nicht existieren, dann wird als `default` Parameter der Wert `None` ausgegeben.

*Code-Syntax 2-14: Datenabgleich mit einem Dictionary*

```python
# Einfacher Datenabgleich mithilfe von Key-Value-Paaren
de_en = {
    "Hallo": "hello",
    "Welt": "world",
    "du": "you",
    "bist": "are",
    "schön": "beautiful",
}

trans = (
    de_en.get("Hallo"),
    de_en.get("Welt"),
    de_en.get("du"),
    de_en.get("bist"),
    de_en.get("schön"),
)

print("{} {}, {} {} {}!".format(*trans))   # tuple unpacking
#out: hello world, you are beautiful!

# default Parameter ändern
de_en.get("großartig", "Wort nicht vorhanden")
#out: 'Wort nicht vorhanden'
```

Wie wir an diesem Beispiel sehen, ist das Wort „großartig" noch nicht in unserem Dictionary hinterlegt. Wir können das Wort entweder als neues Key-Value-Paar hinterlegen, oder es mit der Methode `update()` hinzufügen (vgl. Code-Syntax 2-15). Die Methode `update()` bietet sich vor allem dann an, wenn zwei Dictionaries miteinander verbunden bzw. viele Werte hinzugefügt werden sollen. Noch kürzer funktioniert dies mithilfe des Dictionary-Unpackings, einfach wie folgt: `d3 = {**d1, **d2}`.

*Code-Syntax 2-15: Einem Dictionary neue Werte hinzufügen*

```python
# Key-Value-Paar hinzufügen per Zuweisung
de_en["großartig"] = "awesome"

# Key-Value-Paar hinzufügen per update()-Methode
de_en.update({"großartig": "awesome"})

de_en.get("großartig", "Wort nicht vorhanden")
#out: 'awesome'
```

## 2.2 Datencontainer: Listen, Dictionaries, Tuple und Sets

Mithilfe von Dictionaries lassen sich Werte also abgleichen, man spricht daher auch von einem „Mapping". Kommen wir noch einmal auf unser obiges Beispiel zurück. Wir hatten gesagt, dass wir eine Umfrage durchgeführt und die Befragten wiederum Werte von 1 bis 5 angegeben haben. Die numerische Einschätzung fällt den Befragten manchmal schwerer, sodass man sich mit Textangaben behilft. Eine Frage könnte sein: „Wie hat Ihnen der Film gefallen?" und die vorgegebenen Antworten wiederum „sehr schlecht", „schlecht", „ok", „gut" und „sehr gut". Damit wir mit diesen Antworten rechnen können, müssen wir sie in ein numerisches Relativ „übersetzen" und hierbei kann uns das Dictionary behilflich sein, wie in der Code-Syntax 2-16 gezeigt (Beispiel 1).

*Code-Syntax 2-16: Wert-Mapping: Text in Zahlen umwandeln*

```
# Beispiel 1: Text in Zahlen umwandeln
antworten = [
    "gut",
    "ok",
    "schlecht",
    "sehr gut",
    "sehr schlecht",
    "weiß nicht",
    "so lala",
]

mapping = {
    "sehr schlecht": -2,
    "schlecht": -1,
    "ok": 0,
    "gut": 1,
    "sehr gut": 2,
    "weiß nicht": 8,
}

numerisch = [mapping.get(antwort, 99) for antwort in antworten]
[1, 0, -1, 2, -2, 8, 99]

# Beispiel 2: Mapping erstellen aus zwei Listen
labels = ["negativ", "neutral", "positiv"]
number = [-1, 0, 1]

mapping = {n: l for (n, l) in zip(number, labels)}
{-1: 'negativ', 0: 'neutral', 1: 'positiv'}
```

Oftmals haben wir die Bezeichnungen der Kategorien und deren numerische Relative bereits in Listen gespeichert. Daraus lässt sich nun auch sehr einfach und mithilfe der eingebauten `zip()`-Funktion ein Mapping erstellen, wie im Code-Beispiel ebenso demonstriert wird (Beispiel 2). Mit der `zip()`-Funktion generieren wir ein iterierbares Objekt, das die Werte an den korrespondierenden Index-Positionen miteinander verbindet – ganz ähnlich wie ein Reißverschluss, daher auch der Name der Funktion.

### 2.2.3 Tupel (tuple)

Die sogenannten Tuple sind weitere Datencontainer, jedoch mit der Besonderheit, dass sie unveränderbar sind („immutable"). Während Listen und Dictionaries zu den veränderbaren Datentypen gehören („mutable"), man Werte also zum Beispiel einfach überschreiben kann, ist dies beim Tuple nicht möglich. Ein Tuple ist also ein Datentyp mit festen Werten und wird mit Rundklammern instanziiert. Ferner verfügt es lediglich über die Methoden `count()` und `index()`. Weil ihre Daten nicht verändert werden können, werden Tuple vor allem dann eingesetzt, wenn die Datenintegrität eine große Rolle spielt. Zudem können sie in einfacher Weise „entpackt" werden, das sogenannte „Unpacking", das schon erwähnt wurde. Hilfreich ist diese Art der Zuweisung besonders bei der schnellen Vergabe von Namen für Variablen bzw. Objekten (vgl. Code-Syntax 2-17).

*Code-Syntax 2-17: Tuple erstellen und entpacken*
```
t = ("Hallo", "du", "schöne", "Welt")

# tuple unpacking
x, *y, z = t
# x = "Hallo", y = ["du", "schöne"], z = "Welt"

# list unpacking
liste = ["Hallo", "du", "schöne", "Welt"]
a, *b, c = liste

a == x
# True
```

Werden in einem Tuple drei Werte gespeichert, müssen wir das Tuple nicht drei Mal aufrufen, sondern lediglich einmal. Die Vergabe von drei Werten lässt sich folglich in einer einzigen Zeile Programmcode bewerkstelligen. Wie man im Syntax-Beispiel außerdem nachvollziehen kann, funktioniert das Unpacking auch mit

Listen. Stehen dabei weniger Variablen zur Verfügung, als Werte vorhanden sind, kann mithilfe des Asterisk-Zeichens (*) auch signalisiert werden, dass eine Variable mehrere Werte beinhalten soll – diese werden dann in einer Liste gespeichert.

### 2.2.4 Set / Frozenset (set, frozenset)

Bei einem Set handelt es sich um eine Menge, die ihre Elemente genau einmal beinhaltet (vgl. Code-Syntax 2-18). Ein Set ist prinzipiell ungeordnet und kann verändert werden. Mit anderen Worten, Sets sind „mutable", d. h. man kann ihnen Werte hinzufügen oder auch entfernen. Ein Set wird auch, ähnlich zu einem Dictionary, mit geschweiften Klammern instanziiert – jedoch ohne die die Schlüssel-Wert-Beziehung, sondern lediglich als Aufzählung. Ein Sonderfall stellt das Frozenset dar. Dabei handelt es sich um ein Set, das jedoch unveränderlich ist. Folglich können hier keine Werte entfernt bzw. hinzugefügt werden.

*Code-Syntax 2-18: Sets und ausgewählte Methoden*
```
s1 = {1, 2, 3, 4}

liste = [1, 3, 5, 7, 7, 3, 1]
s2 = set(liste)
# {1, 3, 5, 7}

s1.union(s2)
# {1, 2, 3, 4, 5, 7}
s1.intersection(s2)
# {1, 3}
s1.difference(s2)
# {2, 4}
s2.difference(s1)
# {5, 7}
s1.add(8)
# {1, 2, 3, 4, 8}

fset = frozenset(liste)
fset.add(8)
# AttributeError: 'frozenset' object has no attribute 'add'
```

Das Zusammenspiel von Listen, Dictionaries und Sets werden wir später noch einmal in der Praxis betrachten, wenn wir den *Rangkorrelationskoeffizienten* nach Spearman als Funktion umsetzen (vgl. Abschnitt 5.5). Wie wir prinzipiell

Funktionen schreiben, werden wir gleichen kennenlernen. Zunächst wollen wir uns damit beschäftigen, wie wir Abläufe kontrollieren können.

## 2.3 Kontrollfluss: Programme mit Bedingungen steuern

Die meisten Programme bzw. Aufgaben sind weitaus komplexer, als nur das Speichern von Einzeldaten, Mit anderen Worten, der Ablauf ist an bestimmte Bedingungen geknüpft und einige Aufgaben sollen nur dann erledigt werden, *wenn* eine Bedingung erfüllt ist, *sonst* soll etwas anderes mit den Daten geschehen. Dieser Kontrollfluss lässt sich mit Wahrheitswerten steuern, die wiederum mithilfe von Vergleichsoperatoren kombiniert werden können. Auch hier gilt: Die Programmanweisungen muss konkret formuliert sein, denn der Computer versteht nur das, was man ihm direkt mitteilt.

### 2.3.1 None, True, False

*Code-Syntax 2-19: Beispiele für True, False und None*
```
False == 0
# True
True == 1
# True
None == False:
# False
not None == True
# True

if True:
    do_this(stuff)
else:
    do_that(stuff)

x = []
if x:
    print("Die Liste ist gefüllt.")
else:
    print("Die Liste ist leer.")
#out: Die Liste ist leer.
```

Die Steuerung wird im Wesentlichen mithilfe der Werte **None**, **True** und **False** vorgenommen. Wie sich in Code-Syntax 2-19 nachvollziehen lässt, wird der Wert **True** zurückgegeben, wenn Variablen nicht den Wert **None** oder **False**

## 2.3 Kontrollfluss: Programme mit Bedingungen steuern

erhalten, ein beliebiger Zahlentyp den Wert 1 hat, oder ein Datencontainer bzw. eine Daten-Sequenz nicht leer ist. Das bedeutet im Umkehrschluss, dass immer dann `False` ausgegeben wird, wenn keine Werte vorhanden sind bzw. bestimmte Bedingungen falsch sind. Diesen Umstand können wir uns zunutze machen, um Abfragen an Bedingungen zu knüpfen. In der Syntax wird zum Beispiel nur dann etwas ausgeführt, wenn die Bedingung den Wert `True` annimmt. Dies lässt sich direkt angeben („if True"), oder indirekt anhand der Evaluation von Werten („if x"). Die Schreibweise `if x` ist dabei nur die Kurzschreibweise für `if x is not None` und ist letztlich aufgrund der Kürze vorzuziehen.

### 2.3.2 Vergleiche vornehmen

Bedingungen lassen sich auch kombinieren, hierzu stehen zum Beispiel die Schlüsselwörter `and` und `or` bereit, die jeweils auch mit dem Wort `not` negiert werden können. Zudem kann das Schlüsselwort `in` genutzt werden, um die Existenz eines Wertes in einem Objekt zu überprüfen. Stellen wir uns folgendes Szenario vor: Wir haben eine Umfrage durchgeführt und wollten nun prüfen, ob alle Angaben vollständig sind. Oftmals wird die Angabe „weiß nicht" mit dem Wert 8 codiert. Haben wir beispielsweise fünf Fragen gestellt, die jeweils mit Werten von 1 bis 5 beantwortet werden können (und 8 bei „weiß nicht"), dann können wir mit jenen Schlüsselwörtern testen, ob alles angeben wurde. Neben diesen Schlüsselwörtern existieren noch weitere Operatoren, die genutzt werden können, um bestimmte Bedingungen zu überprüfen. Eine Auswahl der wichtigsten Operatoren ist in Code-Syntax 2-20 aufgezeigt.

---

*Code-Syntax 2-20: Vergleichsoperatoren in Python*

```
x == y                  # x gleich y
x != y                  # x ungleich y
x > y                   # x größer y
x < y                   # x kleiner y
x < y < z               # x kleiner y, y kleiner z
x <= y                  # x kleiner oder gleich y
x >= y                  # x größer oder gleich y

x & y, x and y          # x und y -> bitwise, logical
x | y, x or y           # x oder y -> bitwise, logical
~x, not x               # nicht x -> bitwise, logical
```

```python
# Beispiel
antwort = [1, 2, 3, 2, 4, 1, 8]
if antwort and not 8 in antwort:
    print("Die Antworten sind vollständig")
else:
    print("Antworten unvollständig.")
#out: Antworten unvollständig
```

Ein Sonderfall eines Datenvergleichs betrifft die Prüfung auf Gleichheit (bzw. Ungleichheit) und Selbigkeit. Die Werte können zwar gleich sein, jedoch nicht auf dasselbe verweisen. Mit anderen Worten, eine Variable kann den gleichen Wert *haben*, ohne der gleiche Wert zu *sein*. Die Prüfung kann also einerseits auf *Gleichheit* abzielen und andererseits auf die *Selbigkeit* bzw. die Identität eines Wertes. Dies wird in Code-Syntax 2-21 deutlicher. Die Abfrage mit doppelten Gleichheitszeichen prüft, ob der eine Wert dem anderen Wert entspricht. Dahingegen wird mit `is` überprüft, ob beide Werte identisch sind (und damit letztlich auf denselben Speicherplatz verweisen). Vereinfacht gesagt: Alle Objekte werden im Arbeitsspeicher hinterlegt und dort wird ihnen ein Platz zugewiesen. Jedes Objekt erhält dabei eine ID-Nummer, die sich wiederum mit der Funktion `id()` abfragen lässt.

*Code-Syntax 2-21: Prüfung auf Gleichheit und Identität von Werten*
```python
x = 4
y = 4.0

# Prüfung auf Gleichheit / Gleichwertigkeit
x == y  # True

# Prüfung auf Selbigkeit / Identität
x is y  # False

x = 4
y = 4.0
z = x

print(id(x), id(y), id(z))
# 4315313360 4771663520 4315313360
```

Die Variable z wird im Beispiel mit der Variablen x gleichgesetzt, was man an derselben ID erkennt.[23] Diese Unterscheidung wird dann wichtig, wenn man Daten in eine neue Variable speichern möchte. Wird keine Kopie erstellt, sondern etwas gleichgesetzt, dann verändert sich nämlich auch die Ursprungsvariable, wie in Code-Syntax 2-22 dargestellt ist. Dort wird deutlich, dass wir eine Datenoperation bei unserer Liste y durchführen und sich dabei auch x verändert! Anders verhält es sich, wenn wir die ursprüngliche Liste kopieren. Es ist also wichtig zu verstehen, wie die Namensverweise geregelt sind, um Fehler in den Daten und deren Verarbeitung zu vermeiden.

*Code-Syntax 2-22: Unterschied zwischen Referenz und Kopie*

```
# Referenz -> dieselbe ID
x = [1, 2, 3]
y = x
y.pop()

print(x)
# [1, 2]

# Kopie -> unterschiedliche ID
x = [1, 2, 3]
y = x.copy()
y.pop()

print(x, y)
# [1, 2, 3] [1, 2]
```

### 2.3.3 Daten abfragen mit while- und for-Schleifen

Die Daten selbst können auf unterschiedliche Art und Weise abgefragt werden. Grundsätzlich stehen hierbei zwei Optionen zur Verfügung, um mit den Einzelwerten in Datencontainern zu arbeiten. Während die sogenannten `while`-Schleifen ausgeführt werden, solange eine bestimmte Bedingung erfüllt ist (bzw. wahr bleibt), wir jedes Element in einem Datencontainer mit einer `for`-Schleife nacheinander abgearbeitet. Der Einsatz von `while`-Schleifen ist also dann sinnvoll, wenn eine Abfrage solange ausgeführt werden soll, bis eine Bedingung den Wahrheitswert `False` annimmt. Das zuerst dargestellte Beispiel in Code-Syntax 2-23 würde

---

23 Die hier ausgegebenen Werte werden sehr wahrscheinlich von Ihren abweichen, da sie auf den aktuellen Speicherblock auf meinem Rechner verweisen. Es handelt sich also um keinen Fehler bei der Ausgabe, sollten sich die Werte unterscheiden.

unendlich lange ablaufen (bzw. solange, bis kein Speicher mehr existiert und der Computer neu starten muss). Die Bedingung wird in diesem Fall also niemals falsch und der Ablauf daher niemals abgebrochen. Anders ist es, wenn die Bedingung irgendwann nicht mehr zutrifft, wie im zweiten Beispiel gezeigt. Hier ist die Bedingung (`i < 4`) nach einigen Durchläufen nicht mehr `True`, da wir den `i`-Wert nach jedem Durchlauf erhöhen. Abschließend findet sich auch die Notation für eine allgemeine `while`-Schleife.

*Code-Syntax 2-23: Abfragen mit while-Schleifen*
```python
# Schleife läuft unendlich lange
i = 2
j = -1
while i > j:
    i = i**42
    print(i)

# Schleife stoppt nach dem Wert 3
i = 1
while i < 4:
    print(i, end=" ")
    i += 1  # kurz für: i = i + 1, auch mit anderen Operatoren möglich

# allgemeines Funktionsprinzip einer while-Schleife
process = True
while process:
    # Solange die Bedingung wahr ist,
    if some_condition:
        # ... rufe die Funktion auf.
        do_something_with(stuff)
    else:
        # Sonst: Schleife stoppen.
        process = False
```

Wir wollen uns nun ein recht praxisnahes Beispiel anschauen (vgl. Code-Syntax 2-24). Nehmen wir dazu an, dass wir messen wollen, wie viele Eingaben jemand innerhalb einer bestimmten Zeit schafft. Hierzu könnten wir eine while-Schleife nutzen. Die Möglichkeit zur Eingabe von Werten, müsste also nach einer bestimmten Zeit stoppen, beispielsweise nach 10 Sekunden. Mithilfe des `time` Moduls können wir die Startzeit festlegen und nach jeder Eingabe wiederum die aktuelle Zeit abfragen. Von der aktuellen Zeit subtrahieren wir die Testzeit. Sollte die Differenz zur Startzeit dann größer sein als die festlegte Zeitdauer, wird der Prozess abgebrochen. Mit der Funktion `input()` können wir vom Benutzer Eingaben erhalten, wobei hierbei standardmäßig eine Zeichenkette zurückgegeben wird. Wir erhöhen

## 2.3 Kontrollfluss: Programme mit Bedingungen steuern

unseren Zähler dann nach jeder Eingabe, bis die Zeitdifferenz größer ist als unsere Dauer und brechen den Prozess entsprechend ab.

*Code-Syntax 2-24: Praxis-Beispiel für eine while-Schleife*

```python
import time

# Startzeit festlegen
t_start = time.time()

# Parameter festlegen
dur = 10    # in Sekunden
counts = 0

process = True
while process:
    eingabe = input("Geben Sie etwas ein: ")
    counts += 1
    if (time.time() - dur) > t_start:
        print(f"\nSie haben {counts} Eingaben geschafft")
        process = False
```

Die sogenannten for-Schleifen (oder auch for-Loops genannt) haben wir bereits kennengelernt. Hier wird nun genauer auf deren Prinzip eingegangen. Diese Abfragen werden genutzt, wenn wir auf jedes einzelne Element in einem Datencontainer zugreifen bzw. damit operieren wollen. Grundsätzlich beinhalten Datencontainer (z. B. Listen oder Dictionaries) 0 bis $n$-Elemente. Zum Beispiel könnten wir eine Liste mit unterschiedlichen Web-Adressen extrahiert haben. Mit einem for-Loop können wir nun jede einzelne Web-Adresse dieser Liste aufrufen und bearbeiten. Wir erinnern uns, jedes Element in der Liste hat einen spezifischen Index-Wert, der angegeben werden kann, um das Objekt anzusprechen. Üblicherweise wird also festgestellt, wie viele Elemente eine Liste enthält und dann solange hochgezählt, bis der Wert überschritten wird.

*Code-Syntax 2-25: for-Schleifen schreiben*
```python
urls = [url1, url2, url3]
n = len(urls)  # n = 3

# als Schleife mit Index-Wert
for i in range(n):
    url = urls[i]  # urls[0] == url1
    do_something_with(url)

# auf Elemente direkt zugreifen
for url in urls:
    do_something_with(url)
```

Python stellt für das Zählen der Elemente die `len()` Funktion bereit. Zudem können wir mit der `range()` Funktion eine Zahlenreihe erstellen, mit der wir dann über die Liste iterieren. Die Abfrage wäre jedoch unnötig lang. Mit anderen Worten, der Code ist noch nicht „pythonic". Es geht also besser. Wir können diese Abfrage stark vereinfachen, da Python eine elegante Abkürzung erlaubt. Die Indexierung der jeweiligen Elemente muss nicht mit einer laufenden Nummer durchgeführt werden (meist `i`), sondern die Elemente eines Datencontainers können direkt angesprochen werden. In Code-Syntax 2-25 sind beide Vorgehensweisen nebeneinandergestellt. Zudem kann die Variable beliebig benannt werden, wir hätten also anstatt „url" auch einfach „u" schreiben können. Man sollte jedoch auch hier darauf achten, nicht die eingebauten Funktionen bzw. Namen zu verwenden. Die Abfrage selbst läuft stets solange, bis alle Elemente aus einem Container abgearbeitet wurden bzw. bis ein Fehler auftaucht. Wenn also die Operation, die mit jedem Element durchgeführt werden soll, nicht möglich ist, wird ein Fehler gemeldet und dies lässt sich mit Befehlen zur Fehlerbehandlung lösen, die wir gleich besprechen werden. Zunächst möchte ich auf eine Schreibweise eingehen, die der `for`-Logik entspricht, jedoch kürzer und schneller im Ablauf ist.

### 2.3.4 List- und Dictionary-Comprehension

Die Schreibweisen der sogenannten „List Comprehension" und „Dict Comprehension" bieten in Python die Möglichkeit, mit weniger Programmcode dieselbe Wirkung zu erzielen. Die Syntax haben wir bereits kennengelernt, ich möchte diese nun ausführlicher erläutern. Wenn wir eine Liste mit Elementen erstellen wollen, können wir dies mit einerseits mit einer `for`-Schleife und der `append()` Methode umsetzen, andererseits mit einer Comprehension. Dies wird in Code-Syntax 2-26

## 2.3 Kontrollfluss: Programme mit Bedingungen steuern

verglichen, indem wir die Zahlen von „0" bis „9" dem Objekt **numbers** anfügen. Der Vorteil einer Comprehension ist zwar, dass der Code schneller ausgeführt wird, andererseits kann eine solche Abkürzung auch von Nachteil sein, da der Code manchmal weniger gut lesbar ist und es etwa nicht auf die Geschwindigkeit, jedoch auf die Verständlichkeit ankommt. Weniger gut lesbar sind diese Abkürzungen etwa dann, wenn man mit verschachtelten Listen arbeitet, wie ebenso im Beispiel nachvollzogen werden kann.

*Code-Syntax* 2-26: *List Comprehensions*
```
# Liste mit for-loop erstellen
numbers_for = []
for i in range(10):
    numbers_for.append(i)

# Beispiel einer einfachen List-Comprehension
numbers_comp = [i for i in range(10)]

numbers_for == numbers_comp
# True

# Eine Liste mit Listen entschachteln
list_of_lists = [[0, 1, 2], [3, 4, 5], [6, 7, 8]]

# als for-loop
single_numbers = []
for num_list in list_of_lists:
    for num in num_list:
        single_numbers.append(num)

# als list comp
single_numbers = [num for num_list in list_of_lists for num in num_list]
```

Bei den Comprehensions muss man im Prinzip schon zu Beginn wissen, was die letzte Instanz ist. Mit anderen Worten, wir müssen wissen, was wir am Ende der Liste hinzufügen wollen (im Beispiel: die einzelne Nummer). List Comprehensions lassen sich im Grunde ganz einfach erstellen, indem man zunächst eine **for**-Schleife schreibt und diese dann einfach „in Form bringt". Man löscht also zunächst die Absätze, Einrückungen und Doppelpunkte, fügt die eckigen Klammern hinzu und schreibt das, was am Ende der Liste angehangen werden soll, einfach an den Anfang.

List Comprehensions sind auch deshalb hilfreich, weil man Bedingungen an die Wertübergabe knüpfen kann. In Code-Syntax 2-27 wird exemplarisch dargestellt, wie wir nur dann Zahlen einer Liste hinzufügen, wenn sie gerade sind. Erneut werden beide Schreibweisen gegenübergestellt.

*Code-Syntax 2-27: List Comprehensions mit if-Bedingung*
```
# als for-loop
even = []
for i in range(10):
    if i % 2 == 0:
        even.append(i)

# als list comp
even = [i for i in range(10) if i % 2 == 0]
print(even)
#out: [0, 2, 4, 6, 8]
```

Auch ein Dictionary lässt sich anhand einer Comprehension erstellen, man spricht dann von einer „Dict-Comprehension". Die Schreibweise ist dabei ähnlich, nur das eben geschweifte Klammern und Key-Value-Paare vergeben werden. Auch wenn die Comprehensions anfangs etwas komplizierter scheinen, so lohnt es sich, ihr Konzept zu verinnerlichen. Wenn man einmal das Prinzip verstanden hat, dann weiß man die Comprehensions schnell zu schätzen. Auch hier gilt, je öfter man es übt, desto leichter fällt es einem beim nächsten Mal.

*Code-Syntax 2-28: Dictionary Comprehensions*
```
numbers = [1, 2, 3]
labels = ["eins", "zwei", "drei"]

d = {k:v for (k, v) in zip(numbers, labels)}
# {1: 'eins', 2: 'zwei', 3: 'drei'}
```

### 2.3.5 Fehlerbehandlung: Try und Except

Kommen wir nun auf die Fehlerbehandlung zurück. Die Befehle **try** und **except** verweisen im Grunde auf das Prinzip „Trial-and-Error": Versuche dies, außer es wird ein Fehler aufgezeigt, dann mache jenes. Stellen wir uns folgendes Szenario vor. Wir haben Daten erhalten, die eigentlich nur Zahlenwerte enthalten sollen:

```
nummern = [1, 2, "3.14", "Hallo. Wie geht's?", 4.0]
```

## 2.3 Kontrollfluss: Programme mit Bedingungen steuern

Ein Blick in die Liste zeigt jedoch, dass sich Fehler eingeschlichen haben. So wurden einige Zahlen nicht als Datentyp „Zahl" (`int`, `float`), sondern als Zeichenkette eingefügt. Wir können diese Werte einfach umwandeln, müssen dabei jedoch die unterschiedlichen Daten berücksichtigen, d. h. wir müssen die Eingaben in den richtigen Datentyp konvertieren. Sollten wir zum Beispiel für eine Fließkommazahl die `int()`-Funktion nutzen, gingen uns die Nachkommastellen und damit Information verloren. Wir könnten nun alle Zahlen mit der `float()`-Funktion bearbeiten, doch dann ändern wir den ursprünglichen Datentyp. Wir wollen die Datentypen jedoch erhalten und alle fehlerhaften Eingaben in den korrespondierenden Typ konvertieren.

Mithilfe der Funktion `type()` können wir den Datentyp eines jeden Objektes feststellen. Die fehlerhaften Werte entsprechen dem Datentyp `str` und daher müssen wir die Konvertierung durchführen, wenn die Typen-Prüfung (hier: `type(num)` == `str`) den Wert `True` ausgibt. Wenn die Bedingung erfüllt ist, prüfen wir anschließend, ob sich in der Zeichenkette ein Punkt befindet, da jede Zahl des Typs `float` mit einem solchen versehen ist. Würden wir die Abfrage aktuell ausführen, dann käme ein `ValueError` zum Vorschein und wir würden damit den Hinweis erhalten, dass ein Datentyp den falschen Wert besitzt (bzw. eine Datenoperation aufgrund mit dem Datentyp nicht möglich ist). Schauen wir noch einmal in unsere Liste: Das vorletzte Element beinhaltet einen Punkt und entsprechend wird versucht, es in eine Fließkommazahl umzuwandeln. Dies gelingt jedoch nicht, weil es sich sozusagen um eine „richtige" Zeichenkette handelt (bzw. Zeichen enthält, die die Funktion nicht akzeptiert). Mit `try` und `except` können wir mit diesem Fehler nun umgehen, wie in Code-Syntax 2-29 gezeigt. Hier geschieht letztlich nichts anderes, als die Abfrage in einen Try-Except-Block zu integrieren und schon erhalten wir keinen Fehler mehr. Damit wir jedoch nachvollziehen können, dass ein Fehler auftaucht, lassen wir uns diesen ausgeben.[24] Hier könnten wir statt der konkreten Fehlermeldung auch einen Fehlerwert schreiben, etwa „99" oder typischerweise „NaN" (not a number).

---

24 Wir erinnern uns hier an den „Zen of Python" und die Prämisse „Errors should never pass silently".

*Code-Syntax 2-29: Fehlerbehandlung mit try und except*
```python
# Code ohne try und except Schlagwörtern
nummern = [1, 2, "3.14", "Hallo. Wie geht's?", 4.0]

for num in nummern:
    if type(num) == str:
        if "." in num:
            num = float(num)
        else:
            num = int(num)
    print(num * 3)
# ValueError: could not convert string to float: 'Hallo. Wie geht es dir?'

# Code mit try und except Schlagwörtern
for num in nummern:
    try:
        if type(num) == str:
            if "." in num:
                num = float(num)
            else:
                num = int(num)
        print(num * 3)
    except ValueError as e:
        print(e)
# 3
# 6
# 9.42
# could not convert string to float: "Hallo. Wie geht's?"
# 12.0
```

## 2.4  Funktionen aufrufen und schreiben

Bisher haben wir schon einige Funktionen von Python kennengelernt, zum Beispiel die Funktionen `print()`, `len()` oder `range()`. Funktionen zeichnen sich dadurch aus, dass man sie einmal formuliert bzw. *definiert* und sie später aufrufen kann – ohne den gesamten Programmcode erneut schreiben zu müssen. Python bietet zahlreiche, bereits eingebaute Funktionen an, die wir nutzen können, ohne den Code dafür schreiben zu müssen (vgl. Abbildung 2-1). Die `range()`-Funktion stellt uns zum Beispiel in einfacher Weise eine Zahlenreihe bereit, mit `list()` können wir Objekte in eine Liste umwandeln usw. Die eingebauten Funktionen werden auch als „built-ins" bezeichnet. Wichtig ist, dass man die Namen der Funktionen nicht für eigene Funktionen oder Objekte nutzen sollte, da auch diese Objekte „überschrieben" werden können und somit auf ein anderes Objekt verweisen. Mit

## 2.4 Funktionen aufrufen und schreiben

anderen Worten, die ursprüngliche Funktion stünde anschließend nicht mehr zur Verfügung.

*Abbildung 2-1: Eingebaute Funktionen in Python*

| | | Built-in Functions | | |
|---|---|---|---|---|
| abs() | delattr() | hash() | memoryview() | set() |
| all() | dict() | help() | min() | setattr() |
| any() | dir() | hex() | next() | slice() |
| ascii() | divmod() | id() | object() | sorted() |
| bin() | enumerate() | input() | oct() | staticmethod() |
| bool() | eval() | int() | open() | str() |
| breakpoint() | exec() | isinstance() | ord() | sum() |
| bytearray() | filter() | issubclass() | pow() | super() |
| bytes() | float() | iter() | print() | tuple() |
| callable() | format() | len() | property() | type() |
| chr() | frozenset() | list() | range() | vars() |
| classmethod() | getattr() | locals() | repr() | zip() |
| compile() | globals() | map() | reversed() | __import__() |
| complex() | hasattr() | max() | round() | |

Mit dem Einsatz von Funktionen spart man Zeit und man wiederholt sich nicht (siehe „Zen of Python"). Um dies zu verdeutlichen können wir uns folgendes Szenario vorstellen: Wir haben 10.000 Tweets gesammelt, aus denen wir die sogenannten „Hashtags" (initiiert durch ein #-Symbol) sowie die Nutzer-Nennungen (sog. „mentions", initiiert durch ein @-Symbol) herauslesen wollen. Wenn wir diesen Ablauf nun zu einem späteren Zeitpunkt, oder gar in einem anderen Script wiederholen, müssten wir den Code erneut einfügen. Das ist zunächst kein Problem, wird jedoch dann zur Herausforderung, wenn wir unseren Ablauf ändern wollen. Wenn sich dieser zudem in unterschiedlichen Dateien wiederholt, dann wird das Problem leicht ersichtlich: Anstatt den Programmcode nur einmal anpassen zu müssen, ergeben sich n-Anpassungen, eben je nach Häufigkeit der Verwendung.

Noch ein Hinweis vorab, bevor wir selbst Funktionen definieren werden: Bisher und im weiteren Verlauf war bzw. ist zum einen von „Funktionen" die Rede und zum anderen von „Methoden". Funktionen sowie Methoden werden durch ihren jeweiligen Namen in Verbindung mit Rundklammern aufgerufen, wobei die Funktionsweise identisch ist. Methoden sind im Grunde nichts anderes als Funktionen, sie unterscheiden sich jedoch darin, dass sie an ein Objekt gebunden sind. So können Funktionen direkt aufgerufen werden, Methoden aber nur in Verbindung mit dem Objekt, an das sie gekoppelt sind. So handelt es sich bei `print()` um eine Funktion, bei `"hallo".count()` um eine Methode einer Zeichenkette (erkennbar durch den Punkt-Aufruf am Objekt).

### 2.4.1 Eigene Funktionen definieren

Es ist denkbar einfach, in Python eigene Funktionen zu schreiben. Sie werden allgemein mit dem Schlüsselwort `def` eingeleitet. Danach folgt der Name der Funktion, Rundklammern mit den Parametern sowie die Funktionsanweisung, die nach einem Doppelpunkt und eingerückt in einer neuen Zeile folgt. Ein konkretes Beispiel könnte eine simple Funktion sein, die eine Grußformel mit einem Namen ausgibt (vgl. Code-Syntax 2-30).

---

*Code-Syntax 2-30: Eine eigene Funktion definieren*

```
# Funktion definieren
def hello(name):
    return (f"Hallo, {name}! Wie geht es dir?")

# Funktion aufrufen
hello("John")
```

---

Das ist natürlich eine sehr einfache Funktion und in aller Regel werden verschiedene Abfragen in die Anweisung eingebaut, etwa um sicherzustellen, dass auch nur Werte akzeptiert bzw. verarbeitet werden, die aus funktionaler Sicht sinnvoll sind (wenn wir mit Zahlen rechnen wollen, ist die Eingabe von Zeichenketten zum Beispiel nicht sinnvoll). Damit wir den Ausgabewert nutzen können, müssen wir das Schlüsselwort `return` hinzufügen. Dieser Wert sorgt dafür, dass das entsprechende Ergebnis der Funktion ausgegeben wird – gleichzeitig wird die Funktion damit beendet. Weitere Schlüsselwörter sind `break` und `continue`, wobei ersteres die aktuelle Schleife abbricht und letzteres den aktuellen Übergabewert überspringt.

Funktionen können eine unbestimmte Anzahl an Parametern erhalten. In der Regel hält sich der Umfang jedoch in Grenzen. Die Parameter einer Funktion werden unterschieden in **positionale** und **keyword** Argumente. Positionale Argumente haben keinen Standardwert und sind „verpflichtend", d. h. diese *müssen* eingegeben werden und stehen als erstes in der Liste der Parameter. Die

## 2.4 Funktionen aufrufen und schreiben

Keyword-Argumente verfügen dahingegen über einen Standardwert und *können* verändert werden. Zur Verdeutlichung fügen wir unserer `hello()`-Funktion nun ein Keyword-Parameter hinzu (vgl. Code-Syntax 2-31). Wir ergänzen die Funktion mit dem Parameter `anrede`, der standardmäßig den Wert „dir" besitzt. Wollen wir nun etwas formaler grüßen, könnten wir das Argument ändern und anstatt „dir" nun „ihnen" schreiben. An unserem Code-Beispiel wird zudem deutlich, dass wir das Keyword nicht angeben müssen, d. h. es reicht aus, nur den Wert zu schreiben. Bei dieser Vorgehensweise muss jedoch die Reihenfolge beachtet werden.

*Code-Syntax 2-31: Eine Funktion mit Keyword-Parameter festlegen*
```
def hello(name, anrede="dir"):
    return f"Hallo, {name}! Wie geht es {anrede}?"

print(hello("James", "ihnen"))
# Hallo, James! Wie geht es ihnen?

print(hello("ihnen", "James"))
# Hallo, ihnen! Wie geht es James?
```

Nachdem wir wissen, wie Funktionen im Allgemeinen definiert werden, wollen wir dieses Wissen nun etwas vertiefen. Funktionen enthalten oftmals weitere Angaben und Parameter, etwa den sogenannten „Docstring". Dabei handelt es sich um eine Zeichenkette, die als Hilfestellung dazu dient, die Funktion und ihre Parameter besser nachvollziehen zu können. Die Konventionen zur Formulierung des Docstring finden sich in PEP257. Er wird direkt in der ersten Zeile der Funktionsanweisung mit drei Anführungszeichen begonnen (vgl. Code-Syntax 2-32). Wir schreiben also eine mehrzeilige Zeichenkette und formulieren zunächst die Aufgabe der Funktion, d. h. wir geben hier an, was die Funktion macht bzw. warum sie existiert. Anschließend werden die Parameter und ihre Datentypen sowie dasselbe für den Ausgabe-Wert angegeben. Weil der Docstring zum besseren Verständnis beitragen soll und als Hilfe bei der Anwendung dient, werden häufig auch Beispiele für Funktionsanwendung integriert. Mit der eingebauten Python-Funktion `help()` lässt sich dieser aufrufen, wobei der Hilfetext im `__doc__`-Attribut der Funktion gespeichert wird.

*Code-Syntax 2 32: Docstring hinzufügen*
```
def name_der_funktion(arg1, arg2):
    """
    Hier steht die Aufgabe der Funktion.

    Parameters
    ----------
        arg1: int
        arg2: int

    Returns
    -------
        result: int
    """
    result = pos_arg * kw_arg
    return result

#__doc__
name_der_funktion.__doc__
```

Kommen wir nun zurück zu unserem anfänglichen Beispiel: Aus einem Tweet wollten wir nur die *Hashtags* sowie die *Mentions* extrahieren. Wie gehen wir nun an diese Aufgabe heran? Zunächst sollten wir uns überlegen, welche Parameter wir zur Eingabe nutzen wollen und was genau wir uns als Ausgabewerte von unserer Funktion erwarten. Konkret haben wir Tweets (Zeichenketten), aus denen wir zwei unterschiedliche Elemente separat speichern wollen. Da in einem Tweet mehrere Hashtags verwendet sowie mehrere User angesprochen werden können, nutzen wir für die Ergebnisse jeweils in eine eigene Liste.

Bei einem Tweet handelt es sich um eine Zeichenkette, d.h. wir können auf die `split()`-Methode zurückgreifen, um eine Liste mit den Einzelelementen zu erstellen und nutzen hierbei die Leerzeichen als Trennzeichen. Anschließend fragen wir jedes einzelne Element ab und fügen es der entsprechenden Liste hinzu. Da ein Hashtag mit einem Doppelkreuz beginnt bzw. eine User-Nennung mit einem @-Symbol, können wir die Einsortierung an diese Zeichen knüpfen. Immer dann also, wenn das Element mit „#" startet (bzw. „@") wird es der Hashtags-Liste (bzw. Mentions-Liste) hinzugefügt. Abschließend lassen wir uns beide Listen als Tuple ausgeben. Eine entsprechende Funktion ist in Code-Syntax 2-33 aufgezeigt.[25]

---

25 Die NLTK-Bibliothek verfügt über die „TweetTokenizer"-Klasse, die noch präziser arbeitet und extra für Tweets konzipiert wurde. Hier soll zur Demonstration jedoch die einfache Funktion ausreichen.

## 2.4 Funktionen aufrufen und schreiben

*Code-Syntax 2-33: Beispiel einer Funktion zur Tweet-Analyse*

```python
def extract_hashtags_mentions(tweet):
    """
    Extrahiert die Hashtags und Mentions aus einem Tweet.

    Parameters
    ----------
        tweet: str

    Returns
    -------
        (hashtags, mentions): tuple with two lists
    """
    tokens = tweet.split()
    hashtags, mentions = [], []

    for token in tokens:
        if "#" in token:
            hashtags.add(token)
        elif "@" in token:
            mentions.add(token)
        else:
            pass
    return hashtags, mentions


t = "Hey @python Hello world #pythonrocks #pycode"
extract_hashtags_mentions(t)
# (['#pythonrocks', '#pycode'], ['@python'])
```

### 2.4.2 Variable Parameter mit *args und **kwargs

Bisher haben wir Funktionen geschrieben, deren Parameter nicht erweiterbar waren. Mit anderen Worten: Unsere Funktionen haben bisher nur eine fixe Anzahl von Parametern akzeptiert und bearbeitet. Stellen wir uns einmal eine Funktion vor, die etwa die Summe aus a und b bildet und der wir nur diese zwei Parameter übergeben können. Würden wir der Eingabe nun eine dritte Zahl c hinzufügen, würden wir einen Fehler erhalten, und zwar einen **TypeError**, mit dem Hinweis, dass die Funktion nur zwei positionale Argumente entgegennimmt, jedoch drei angegeben wurden. Nun könnten wir der Funktion natürlich einen dritten Parameter hinzufügen, dies mag bei wenigen Parametern der einfachste Weg sein. Doch sollten wir hundert Zahlen miteinander addieren wollen, benötigen wir eine andere Lösung.

Für solche Fälle bietet Python die Möglichkeit an, *variable* bzw. dynamische Parameter anzugeben. Solche Parameter werden mit einem „*"-Symbol (Asterisk) festgelegt, wobei die einfache Angabe auf ein `tuple` und die doppelte Angabe auf ein `dict` verweist. Auch hier hat sich eine Konvention für die Schreibweise herausgebildet, nämlich *args sowie **kwargs (also „arguments" und „keyword arguments"). Grundsätzlich könnte man auch eine andere Bezeichnung wählen, aber diese gilt als Standard. Das Asterisk-Symbol, das für das „Unpacking" verwendet wird, haben wir bereits weiter oben in Aktion gesehen. Um noch einmal zu verdeutlichen, was genau passiert, schauen wir einmal die Code-Syntax 2-34 an. Für ein besseres Verständnis werden die Eingaben zunächst nur mit der `print()`-Funktion ausgegeben. Nach dem Aufrufen der Funktion, sehen wir zum einen das (leere) `tuple`- sowie das (leere) `dict`-Objekt. Wenn wir der Funktion wiederum Parameter übergeben, dann ändert sich die Ausgabe entsprechend.

*Code-Syntax 2-34: Funktion mit \*args und \*\*kwargs*
```
def func(*args, **kwargs):
    print(f"args: {args}; kwargs: {kwargs}")

func()
#out: args: (); kwargs: {}

func(1, 2, 3, "hallo", hallo="welt", lorem="ipsum")
#out: args: (1, 2, 3, 'hallo'); kwargs: {'hallo': 'welt', 'lorem': 'ipsum'}
```

All das können wir uns nun zunutze machen und daraus eine allgemeine Funktion schreiben, die nicht nur die Summe, sondern zum Beispiel auch das Produkt der Zahleneingaben bilden kann. Der Funktion sollen dabei mindestens zwei positionale Parameter übergeben werden. Es soll jedoch auch möglich sein, mehr als zwei Parameter anzugeben, daher müssen wir die *args Formulierung integrieren. Zudem soll standardmäßig die Summe der Zahlen kalkuliert werden – hierzu legen wir ein Keyword-Argument fest. Da es oft hilfreich ist, sich die Ergebnisse ausgeben zu lassen, wollen wir noch eine Print-Option einbauen, die jedoch nur aktiv wird, wenn die Abfrage den Wahrheitswert `True` zurückgibt. Mit einem Dictionary lassen sich alle Parameter festhalten und der Funktion als Objekt übergeben. Wir werden diese Schreibweise später im Kapitel zur Visualisierung sehr häufig wiederholen (vgl. Kapitel 6).

## 2.4 Funktionen aufrufen und schreiben

*Code-Syntax 2-35: Beispiel einer komplexen Funktion*
```
def calc(a, b, *args, operation="add", **kwargs):
    if operation == "add":
        result = a + b
        for arg in args:
            result += arg
    if operation == "multi":
        result = a * b
        for arg in args:
            result *= arg
    if kwargs["print_result"]:
        print("Ergebnis:", result)
    return result

params = {"operation": "multi", "print_result": True}

r = calc(2, 2, 5, **params)
# Ergebnis: 20
# r = 20
```

### 2.4.3 Anonyme Funktionen: Lambda-Ausdrücke

Neben der Möglichkeit, Funktionen für den mehrfachen Gebrauch zu definieren, können auch sogenannte „Lambda"-Funktionen geschrieben werden, die lediglich einmal zur Verfügung stehen. Sie haben ihre Berechtigungen, da viele Python-Funktionen wiederum andere Funktionen zur Berechnung benötigen. Eingeleitet werden die anonymen Funktionen durch das Schlagwort `lambda`, gefolgt von einem Objekt (oder mehreren Objekten), einem Doppelpunkt sowie der Berechnung.

*Code-Syntax 2-36: Anonyme Funktionen definieren (lambda)*
```
numbers = [1,3,4]
list(map(lambda x: x+5, numbers))
#out: [6, 8, 9]

nums = range(1, 11)
list(map(lambda x: f"{x}: gerade" if x % 2 == 0 else f"{x}: ungerade", nums))
# ['1: ungerade',
#  '2: gerade',
#  ...
#  '9: ungerade',
#  '10: gerade']
```

Wie bereits erwähnt, werden `lambda`-Anweisungen oftmals in anderen Funktionen eingesetzt. Stellen wir uns vor, wir hätten eine Liste mit Zahlen, wovon jede mit dem Wert „5" addiert werden soll (vgl. Code-Syntax 2-36). Hier könnten wir die `map()`-Funktion und eine `lambda`-Anweisung verbinden und dann auf jeden Einzelwert anwenden. Ferner können die Lambda-Funktionen auch mit *bedingten* Abfragen erweitert werden, d. h. wir können Wahrheitsbedingungen testen und Werte entsprechend der Bedingungen einer if-else-Abfrage ausgeben. Lambda-Funktionen sollten vor allem als „Ausdrücke" oder Parameter verstanden und nicht zur Definition einer Funktion verwendet werden. Sie lassen sich zwar auch als Variablen (bzw. Objekte) speichern, davon ist jedoch abzuraten, da der Code dadurch langsamer ausgeführt wird. Zudem weist die Namensvergabe darauf hin, dass die Funktion wohl häufiger verwendet werden soll (sonst müsste man sie ja nicht speichern). Eine „reguläre" Funktion wäre dann eher angebracht.

## 2.5 Daten einlesen und ausgeben

Wollen wir unsere Forschungsdaten in Python nutzen, müssen wir diese einlesen. Zudem ist es wichtig, zu wissen, wie wir unsere Ergebnisse als Datei speichern können, um sie etwa mit anderen auszutauschen. Die Forschungsdaten liegen oftmals in unterschiedlichen Formaten vor – auch dies müssen wir berücksichtigen. Im nachfolgenden Abschnitt soll daher aufgezeigt werden, wie wir Dateien einlesen und schreiben können und was bei bestimmten Dateiformaten berücksichtigt werden muss.

### 2.5.1 Einlesen und Schreiben einfacher Text-Dateien

Für das Einlesen von reinen Text-Dateien (*.txt) steht in Python die eingebaute Funktion `open()` zur Verfügung, die dazu genutzt werden kann, ein Dateiobjekt zu öffnen bzw. zu erstellen, das wiederum weiterverarbeitet werden kann. In Code-Syntax 2-37 wird zunächst ein Dateiobjekt erstellt, dessen Inhalt mit der `read()`-Methode des Objekts gelesen wird. Abschließend wird die Datei mit der `close()`-Methode geschlossen. Der `open()`-Funktion übergeben wir dabei den Pfad zur Datei („filepath", oftmals abgekürzt mit „fp") und den Bearbeitungsmodus. Zum Einlesen und Schreiben von Dateien stehen unterschiedliche Modi bereit: „r" (`read`) für Lesen, „w" (`write`) für Schreiben, oder „a" (`append`) für Hinzufügen. Neben diesen existieren noch weitere Modi, die Details finden sich in der Dokumen-

## 2.5 Daten einlesen und ausgeben

tation. Dateien auf diese Art und Weise einzulesen, hat jedoch den Nachteil, dass man das Dateiobjekt nach der Verarbeitung manuell schließen muss. Dateien stets zu schließen ist sinnvoll, um System-Ressourcen nicht unnötig zu verschwenden (und im schlimmsten Fall den Computer zum Absturz zu bringen).

*Code-Syntax 2-37: Dateien von der Festplatte einlesen und schreiben*

```python
# Dateien einlesen ohne Kontext-Manager
f = open("meine_datei.txt", "r")
content = f.read()
f.close()

# Dateien einlesen mit Kontext-Manager
with open("meine_datei.txt", "r") as f:
    content = f.read()

# Dateien in eine Datei schreiben
with open("meine_datei.txt", "w") as f:
    f.write("Ich bin ein Satz\n")
```

Glücklicherweise existiert die Möglichkeit, die Datei automatisch zu schließen, und zwar mithilfe eines sogenannten „Kontext-Managers". Mit dem Befehl `with open(fp, mode) as f` wird die Datei nur für diesen Kontext geöffnet, also für einen bestimmten Befehlsablauf und nur solange bereitgestellt, wie diese Befehle andauern. Im Beispiel übergeben wir der Datei eine einfache Zeichenkette, die in die Datei geschrieben werden soll. Am Ende der Eingabe findet sich zudem der Vermerk „\n", der die Anweisung gibt, eine neue Zeile hinzuzufügen. Der Vorteil der `with`-Schreibweise ist, dass wir uns Codezeilen sparen, denn die Datei wird auch bei auftretenden Fehlern automatisch geschlossen. Ferner steht das im Beispiel erzeugte Objekt `content` nach dem Befehlsablauf zur weiteren Verarbeitung bereit. Dateien können, wie man ebenfalls im Beispiel sieht, nicht nur eingelesen, sondern auch geschrieben werden. Dies geschieht im Grunde ganz ähnlich, nur dass wir die `open()`-Funktion im Modus „w" öffnen (`write`-Mode) und zudem die `write()`-Methode unseres Datei-Objektes aufrufen.

### 2.5.2 Einlesen und Schreiben von CSV-Dateien

Neben einfachen Text-Dateien können auch andere Datenformate eingelesen werden. Hierzu stehen wiederum spezifische Python-Pakete bereit, etwa für das Einlesen von Dateien im Format `json` oder `csv`, also Dateien mit „JavaScript Object

Notation" bzw. Werten, die durch ein Komma getrennt werden (comma-separated values). Wir wollen uns zunächst mit Dateien im Format „CSV" befassen. Streng genommen handelt es sich auch bei diesen Formaten um reine Textdateien, diese weisen jedoch eine bestimmte Struktur auf und sind sehr häufig innerhalb der Forschung bzw. allgemein im Datenmanagement anzutreffen. CSV-Dateien können auch durch andere Zeichen getrennt sein, häufig ein Tab-Zeichen. Dann spricht man analog auch von „tab-separated values" und Dateien im tsv-Format. Häufig kommt es zudem vor, dass Dateien zwar unter *.csv gespeichert werden, jedoch kein Komma als Trennzeichen genutzt wird. Einige Python-Pakete versuchen das Trennzeichen automatisch zu erkennen, was auch in aller Regel gelingt. Sollte dies nicht der Fall sein, muss die Datei mit einem Text-Editor geöffnet werden, um manuell das Trennzeichen zu bestimmen. Das csv-Modul stellt jedoch auch einen sogenannten „Sniffer" bereit, also ein Objekt, das versucht, das entsprechende Trennzeichen herauszufinden. Exemplarisch und gut verständlich wird dies in der Dokumentation des Moduls aufzeigt. Das Modul selbst wird mit dem Befehl `import csv` in den Namensraum geladen.

Schauen wir uns nun ein konkretes Beispiel an. Dazu öffnen wir einen beliebigen Text-Editor (z. B. den „Editor" bzw. „Notepad" auf Windows, oder „Text-Edit" auf dem Mac) und schreiben folgenden Inhalt sowie die folgende Formatierung in die neue Datei (mit Anführungszeichen und Leerzeichen):

```
1, "Hamburg", "Max Muster"
2, "Leipzig", "Lieschen Müller"
3, "Berlin", "Hannes Schneider"
```

Wir speichern die Datei anschließend als my_data.csv in das Verzeichnis, das unser aktuelles Arbeitsverzeichnis ist („current working directory"). Welches das ist, können wir mit dem os-Modul überprüfen. Dieses müssen wir importieren (`import os`) und dann die Funktion `os.getcwd()` aufrufen. Mit dem Befehl `os.chdir(fp)` können wir wiederum einen Pfad angeben und das Verzeichnis wechseln.

Das Einlesen einer CSV-Datei erfolgt wiederum mithilfe der `reader()`-Funktion. Handelt es sich beim Einlesen um ein Datei-Objekt, wie es der Fall ist, wenn Dateien von der Festplatte eingelesen werden, dann müssen wir der `open()`-Funktion den Parameter `newline` mit einer leeren Zeichenkette übergeben.[26] In Code-Syntax

---

[26] In der Dokumentation heißt es hierzu: „If newline='' is not specified, newlines embedded inside quoted fields will not be interpreted correctly, and on platforms that use \r\n linendings on write an extra \r will be added. It should always be safe to specify

## 2.5 Daten einlesen und ausgeben

2-38 ist exemplarisch aufgezeigt, wie das Einlesen funktioniert. Wie wir dort sehen, ist die Syntax zum Einlesen einer Datei mit Komma-getrennten Werte ähnlich, wie bereits weiter oben mit Text-Dateien dargestellt. Der Unterschied besteht nur darin, dass wir zusätzlich den CSV-Reader-Objekt einbinden und dann die eingebaute `print()` Funktion nutzen, um uns jede Zeile anzeigen zu lassen. Das `reader`-Objekt ist iterierbar und generiert bei jeder Iteration eine neue Zeile mit den entsprechenden Daten. Jede Zeile auszudrucken, dient hier lediglich der Explikation der Funktionsweise. Im Forschungsalltag würde man eigene Funktionen auf die Daten anwenden.

*Code-Syntax 2-38: Einlesen und schreiben von CSV-Dateien*
```python
# CSV-Dateien einlesen
with open("my_data.csv", "r", newline="") as f:
    reader = csv.reader(f, delimiter=",")
    for row in reader:
        print(row)
# ['1', ' Hamburg', ' Max Muster']
# ['2', ' Leipzig', ' Lieschen Müller']
# ['3', ' Berlin', ' Hannes Schneider']

# CSV-Dateien schreiben
rows = [
    ("1","max","muster"),
    ("2","anja","schubert"),
]
with open("new_data.csv", "w", newline="") as f:
    csv.writer(f).writerows(rows)
```

Daten lassen sich auch einfach als CSV-Datei speichern. Wie man an der Syntax sehen kann, wird auch hier die eingebaute `open()`-Funktion verwendet um ein Kontext-Objekt bzw. das Datei-Objekt zu erstellen. Dieses übergeben wir anschließend der Funktion `writer()` und nutzen dessen Methode `writerows()`, um unsere Daten zu schreiben. Wir könnten dazu auch die Methode `writerow()` nutzen (ohne „s" am Ende), benötigen dann jedoch noch eine `for`-Schleife um jede Zeile (jeden Einzelwert im Datencontainer) schreiben zu können. Da wir meist mit Datensätzen arbeiten, die über mehrere Einträge verfügen, ist die Methode `writerows()` sicherlich von Vorteil.

---

newline="", since the csv module does its own (universal) newline handling." Weitere Informationen zur Nutzung von CSV-formatierten Dateien finden sich auch im PEP305 bzw. auf der folgenden Webseite: https://www.python.org/dev/peps/pep-0305/.

Die eingelesenen Zahlenwerte werden mit der bisherigen Technik in Zeichenketten umgewandelt, wie an der Ausgabe im Beispiel sichtbar ist. Dies wollen wir in der Regel vermeiden. Außerdem wurden beim Erstellen der CSV-Datei noch Leerzeichen eingefügt, die wir nicht übernehmen wollen. Um diese beiden Aspekte nun zu umgehen, können wir dem CSV-Reader einen neuen „Dialekt" beibringen. Mit einem solchen wird festgelegt, wie die Daten gelesen bzw. interpretiert werden sollen. Wie ein Dialekt bestimmt und verwendet werden kann, wird in Code-Syntax 2-39 gezeigt.

*Code-Syntax 2-39: Regeln zum Einlesen von CSV-Dateien bestimmen*

```
csv.register_dialect(
    "meinDialekt",
    quoting=csv.QUOTE_NONNUMERIC,
    skipinitialspace=True,
)

with open("my_data.csv", "r", newline='') as f:
    reader = csv.reader(f, dialect="meinDialekt")
    for row in reader:
        print(row)
# [1.0, 'Hamburg', 'Max Muster']
# [2.0, 'Leipzig', 'Lieschen Müller']
# [3.0, 'Berlin', 'Hannes Schneider']
```

Um den Dialekt zu registrieren, müssen wir die Funktion `register_dialect()` aufrufen und als erstes den Namen unseres Dialektes bestimmen. Anschließend übergeben wir die Parameter, die der CSV-Reader verstehen soll. Mit unserem Dialekt werden nun alle Zeichen, die nicht in Anführungen stehen, automatisch in Dezimalzahlen (Datentyp: `float`) umgewandelt. Außerdem werden die anfänglichen Leerzeichen übersprungen. Noch ein Hinweis: Sollte das Einlesen und die Konvertierung nicht funktionieren, kann dem Parameter `quoting` der Wert `csv.QUOTE_All` übergeben werden. Anschließend müssen die Werte dann jedoch bereinigt werden. So wird es notwendig, die Zahlenwerte in einen Zahlen-Datentyp zu konvertieren, oder doppelte Anführungszeichen zu entfernen.

### 2.5.3 Einlesen und Schreiben von JSON-Dateien

Widmen wir uns nun dem Format JSON zu. Auch hierfür existiert eine gleichnamige Standard-Bibliothek, die äquivalent mit dem Befehl `import json` in den Namensraum geladen wird. JSON ist ein Format, dass besonders im WWW für den Austausch von Daten genutzt wird. Die *JavaScript Object Notation* kann unabhängig von jeder Programmiersprache eingesetzt werden, d.h. obwohl die Formatierung letztlich gültigen `JavaScript`-Code darstellen soll, ist der Code nicht nur an diese Programmiersprache gebunden. Mit anderen Worten, JSON ist (in aller Regel) gültiger JS-Code, kann aber auch in Python eingelesen werden (vgl. Code-Syntax 2-40).

*Code-Syntax 2-40: JSON-Dateien einlesen*

```python
# JSON-Dateien einlesen
with open("example.json", "r") as jsonfile:
    d = json.load(jsonfile)

# JSON-formatierte Zeichenketten einlesen
example = """{
  "Titel": "Datenerhebung mit Excel",
  "Jahr": 2016,
  "ISBN": "978-3-658-11655-2",
  "Verlag": "Springer VS",
  "Autor":
    {
    "Vorname": "Markus",
    "Nachname": "Feiks",
    "Name": "Markus Feiks"
    }
}
"""
d = json.loads(example)

for key, value in d.items():
    print(key, ":", value)
```

Zum Einlesen von JSON-Dateien stehen nach dem Import der Bibliothek unter anderem zwei Funktionen bereit: die Funktion `load()` und die Funktion `loads()`. Während erstere genutzt wird, um gewissermaßen „pure" JSON-Dateien einzulesen, wird letztere genutzt, um JSON-Code einzulesen, der als Zeichenkette formatiert ist. Das „s" am Ende der zweiten Variante deutet also auf ein `str` Objekt hin, das der Funktion übergeben werden soll. Die JSON-Formatierung ähnelt der eines

Dictionary-Objektes (`dict`) – auch hier finden sich geschweifte Klammern und die Schlüssel-Wert-Paare. Wie man exemplarisch sieht, können wir die Dictionary-Methoden anwenden, um die Inhalte abzurufen.

Bisher sind wir davon ausgegangen, dass die Datei nur einen gültigen JSON-Datensatz beinhaltet. Oftmals werden innerhalb einer Datei jedoch *mehrere* Datensätze (mehrere JS-Objekte) gespeichert, d.h. nicht nur ein JS-Objekt hinterlegt. Das ist etwa dann der Fall, wenn wir Twitter-Daten abfragen. Die Twitter-Schnittstelle (Twitter-API) gibt die Daten im JSON-Format aus, d.h. jeder einzelne Tweet stellt ein Objekt dar. Würden wir nun alle Ausgaben in einer Datei speichern, hätten wir danach unzählige Dateien auf dem Rechner abgelegt. Daher werden oft mehrere Tweets – und damit mehrere JSON-formatierte Objekte – in *einer* Datei gespeichert. Auch hier käme die `loads()` Funktion zum Einsatz.

*Code-Syntax 2-41: Dateien mit mehrfachen JSON-Objekten einlesen*
```
with open("tweets.json", "r") as f:
    list_obj = f.readlines()
    d = {i: json.loads(s) for (i, s) in enumerate(list_obj)}
```

Stellen wir uns also eine Datei vor, die in jeder neuen Zeile ein Tweet beinhaltet (bzw. ein gültiges JS-Objekt). Zum Einlesen würden wir die Funktion `readlines()` nutzen, die einem Datei-Objekt in Python bereitsteht. Aus unserer Datei würde so eine Liste erstellt werden, dessen einzelne Objekte wiederum JSON-formatierte Objekte wären. Da es sich bei den mit der `open()` Funktion erstellten Objekten stets um Zeichenketten handelt, benötigen wir die `loads()` Funktion, um den JSON-Code richtig zu formatieren. Wie in Code-Syntax 2-41 gezeigt wird, können wir letztlich über die Liste iterieren und so unser Dictionary Objekt mithilfe einer Dict-Comprehension erstellen. Ferner können wir die einzelnen Objekte wiederum mit der eingebauten `enumerate()` Funktion komfortabel nummerieren, sodass uns die entsprechenden Index-Werte später als Dictionary-Keys zu Verfügung stehen. Die Funktion `enumerate()` gibt ein Tuple zurück, dass aus einer Zahl sowie dem abgefragten Objekt besteht. Der Funktion kann zudem ein Startwert übergeben werden. Da die Zählung in Python bei „0" beginnt, ist dies auch hier der Standardwert. Möchte man allerdings bei einem anderen Wert zu zählen beginnen, etwa dem Wert „3", dann würde man `enumerate(iterable, 3)` schreiben.

## 2.5 Daten einlesen und ausgeben

Für das Schreiben von JSON-Dateien stehen wiederum zwei Varianten zur Verfügung, die sich nicht wesentlich voneinander unterscheiden (vgl. Code-Syntax 2-42). Auch hier gilt wiederum, dass man die Funktion **dumps()** nutzen muss, wenn mehrere JSON-Objekte innerhalb einer Datei exportiert werden sollen.

*Code-Syntax 2-42: JSON-Dateien schreiben*

```python
# Variante 1
with open("json_export.json", "w") as jfile:
    json.dump(d, jfile)

# Variante 2
with open("json_export.json", "w") as jfile:
    jfile.write(json.dumps(d))

# Dateien mit mehrfachen JSON-Objekten schreiben
with open("json_export.json", "w") as f:
    for value in d.values():
        f.write(json.dumps(value))
```

# Verarbeitung tabellarischer Daten in Python

## 3

### Zusammenfassung

In Python stehen zur Berechnung und Verarbeitung unterschiedliche Bibliotheken bereit. Standardmäßig wird hierzu auf die Bibliotheken NumPy und Pandas zurückgegriffen. NumPy dient dabei zur Berechnung und Pandas wiederum für die tabellarische Verarbeitung und Darstellungen von Daten. In diesem Kapitel wird gezeigt, wie NumPy und Pandas genutzt werden können. Hierzu zählen der Zugriff auf Daten, sowie deren Bearbeitung mithilfe von Funktionen. Außerdem wird aufgezeigt, wie Daten eingelesen und Datentabellen exportiert werden können.

### Schlagwörter

Pandas, NumPy, DataFrame, Data Science, Data Wrangling, Excel, CSV, JSON

Für die Bearbeitung, Berechnung sowie tabellarische Darstellung unserer Daten, greifen wir auf die Pakete **NumPy** und **Pandas** zurück. Sie markieren gewissermaßen den Standard für den wissenschaftlichen Umgang mit Zahlen und Tabellen. Während NumPy hauptsächlich für die Berechnung genutzt wird, dient Pandas letztlich dem komfortablen Zugriff sowie der Analyse der Daten. Wir werden hier vor allem die Pandas-Bibliothek besprechen, wobei wir für die Generierung der exemplarischen Daten auf NumPy zurückgreifen. Die zwei wesentlichen Objekte in Pandas heißen **Series** und **DataFrame**, wobei eine Datenreihe (Series) einer Spalte in einer Datentabelle entspricht und es sich bei einem DataFrame um eine solche Datentabelle handelt.[27] Mit anderen Worten: Ein DataFrame besteht aus Series-Objekten. NumPy und Pandas werden konventionell wie folgt eingebunden:

```
import numpy as np
import pandas as pd
```

Einer Datenreihe sowie einer Datentabelle stehen unterschiedliche Methoden bereit, die sich in vielen Teilen überschneiden. Die Datenoperationen lassen sich also oftmals auf Series- und DataFrame-Objekte gleichermaßen anwenden. Die Daten einer Series müssen dabei eindimensional sein, während ein DataFrame n-dimensionale Daten beinhalten kann. Jedem Objekt ist wiederum ein „Index" zugeordnet, wobei es sich hierbei um eine fortlaufende Beschriftung handelt. Wenn man also 20 „Fälle" hat, dann werden für den Index standardmäßig Zahlenwerte von „0" bis „19" festgelegt. Der Zeilenindex kann auch aus Zeichen bzw. Zeichenketten bestehen, muss also nicht unbedingt numerisch sein. Einer Datenreihe (Series) kann zudem ein Name vergeben werden, der automatisch für die Spaltenbezeichnung einer Datentabelle (DataFrame) verwendet wird. Zudem lässt sich der Datentyp eines Series-Objektes festlegen bzw. die Datentypen innerhalb einer Datentabelle mithilfe eines *Mappings* bestimmen. Das ist dann wichtig, wenn die Speicheroptimierung im Vordergrund steht, denn die jeweiligen Datentypen benötigen unterschiedlich viel Speicherplatz. Wir wollen uns nun etwas genauer mit dem Pandas-Paket befassen, da wir dies im weiteren Verlauf nutzen werden. Am Ende des ersten Abschnitts wird die Datentabelle so aussehen, wie in Abbildung 3-1 dargestellt.

Zur Veranschaulichung erstellen wir zunächst eine Datentabelle mit Zufallszahlen (vgl. Code-Syntax 3-1). Zur Erstellung dieser Zahlen greifen wir auf das random-Modul in NumPy zurück.[28] In unserem Beispiel legen wir ein DataFrame-Objekt fest, das anfangs 10 Beobachtungen und vier Merkmale beinhaltet. Die Zeilen werden als index bezeichnet, die Spalten wiederum als columns. Diese stehen als Attribute bereit und können entsprechend abgefragt werden, dies gilt ebenso für die hinterlegten Werte. Auf die einzelnen Spalten greifen wir zurück, indem wir das DataFrame-Objekt mit dem jeweiligen Namen der Spalte indexieren.[29] Mit der Indexierung greifen wir auf ein Series-Objekt zu, also auf eine einzelne Spalte mit all ihren Werten. Die Möglichkeit zur Indexierung hat den Vorteil, die

---

27 Ein Array wäre in diesem Zusammenhang eine Zeile in der Datentabelle.
28 Ich lege im Beispiel einen sogenannten „seed" fest. Dadurch können die Beispiele selbst nachvollzogen werden, ohne dass die Zufallszahlen abweichen.
29 Auch die Spalten stehen als Attribut bereit und können direkt angesprochen werden.

3 Verarbeitung tabellarischer Daten in Python

*Abbildung 3-1: Beispiel-Datensatz*

|    | f1       | f2       | f3       | f4       | cluster | label     | f1_mn_diff | f2_mn_diff | f3_mn_diff | f4_mn_diff |
|----|----------|----------|----------|----------|---------|-----------|------------|------------|------------|------------|
| 4  | 0.374540 | 0.950714 | 0.731994 | 0.598658 | 3       | Kultur    | -0.055296  | 0.493759   | 0.314628   | 0.077754   |
| 5  | 0.156019 | 0.155995 | 0.058084 | 0.866176 | 1       | Sport     | -0.273817  | -0.300961  | -0.359282  | 0.345271   |
| 6  | 0.601115 | 0.708073 | 0.020584 | 0.969910 | 3       | Kultur    | 0.171279   | 0.251117   | -0.396782  | 0.449005   |
| 7  | 0.832443 | 0.212339 | 0.181825 | 0.183405 | 3       | Kultur    | 0.402607   | -0.244616  | -0.235541  | -0.337500  |
| 8  | 0.304242 | 0.524756 | 0.431945 | 0.291229 | 1       | Sport     | -0.125594  | 0.067801   | 0.014579   | -0.229676  |
| 9  | 0.611853 | 0.139494 | 0.292145 | 0.366362 | 1       | Sport     | 0.182017   | -0.317462  | -0.125221  | -0.154543  |
| 10 | 0.456070 | 0.785176 | 0.199674 | 0.514234 | 3       | Kultur    | 0.026234   | 0.328220   | -0.217692  | -0.006670  |
| 11 | 0.592415 | 0.046450 | 0.607545 | 0.170524 | 2       | Wirtschaft| 0.162578   | -0.410505  | 0.190179   | -0.350381  |
| 12 | 0.065052 | 0.948886 | 0.965632 | 0.808397 | 3       | Kultur    | -0.364785  | 0.491930   | 0.548266   | 0.287493   |
| 13 | 0.304614 | 0.097672 | 0.684233 | 0.440152 | 3       | Kultur    | -0.125222  | -0.359283  | 0.266867   | -0.080752  |

Spalten beispielsweise mit einem `for`-Loop einzeln ansprechen zu können, wie wir gleich sehen werden.

*Code-Syntax 3-1: Beispiel-Datensatz generieren*

```python
# Seed festlegen, zur Reproduktion des Codes
np.random.seed(42)

# Daten und Index generieren
data = np.random.random((10, 4))
names = ["f1", "f2", "f3", "f4"]
idx = range(4, 14)

# DataFrame erstellen
df = pd.DataFrame(data, columns=names, index=idx)

# Attribute: Zeilen, Spalten und Werte
df.index
df.columns
df.values

# Indexierung einer Spalte
df["t1"] == df.t1
#out: True
```

Neue Spalten können wir der Datentabelle hinzufügen, indem wir einen neuen **Key** definieren und diesen mit den entsprechenden Werten gleichsetzen. In unserem Beispiel haben wir bisher die Spalten „f1" bis „f4". Wir wollen nun ein neues Merkmal hinzufügen, das wir „cluster" nennen (vgl. Code-Syntax 3-2). Auch hier nutzen wir das **random**-Modul, um die Werte zu erzeugen. Bisher haben wir dem **DataFrame** nur Zahlenwerte übergeben, eine **Series** kann grundsätzlich unterschiedliche Datentypen enthalten, etwa Zeichenketten, aber auch Listen oder Dictionaries (und viele mehr). Zusätzlich wollen wir der Datentabelle daher eine Spalte mit Bezeichnungen hinzufügen, die unseren „Cluster"-Werten entsprechen und besser lesbar sind. Dazu erstellen wir uns ein Mapping-Dictionary, das uns die Werte entsprechend übersetzt und wenden hierzu die **map()**-Methode an, die einem Series-Objekt bereitsteht.

*Code-Syntax 3-2: Einem DataFrame neue Spalten hinzufügen*

```
# neue Werte hinzufügen
np.random.seed(42)
cluster_values = np.random.randint(1, 4, 10)
df["cluster"] = cluster_values

mapping = {
    1: "Sport",
    2: "Wirtschaft",
    3: "Kultur",
}
df["label"] = df.cluster.map(mapping)
```

Neue Werte können auch durch Berechnungen hinzugefügt werden (vgl. Code-Syntax 3-3). Dabei sind prinzipiell alle Rechenoperationen möglich. Die Berechnungen werden dann für jede Zeile durchgeführt. So könnten wir zum Beispiel die Summe und den Mittelwert der jeweiligen Werte aus zwei Spalten bilden.

*Code-Syntax 3-3: Werte durch Berechnungen hinzufügen und löschen*

```
# neue Werte durch Berechnungen hinzufügen
df["sum_f1_f2"] = df.f1 + df.f2
df["mean_f1_f2"] = (df.f1 + df.f2) / 2

# neue Werte durch for-Loop hinzufügen
for column in df.columns[0:4]:
    name = f"{column}_mn_diff"
    df[name] = df[column] - df[column].mean()

# Spalten löschen
df.drop("sum_f1_f2", axis=1, inplace=True)
```

Durch die einfache Möglichkeit zur Berechnung lässt sich etwa mithilfe von for-Schleifen auch eine komplexere Abfrage automatisieren. Für die Berechnung der Standardabweichung ist es beispielweise notwendig, zunächst die jeweilige Abweichung eines Wertes vom Mittelwert zu bestimmen. In unserem Beispiel hatten wir Zufallszahlen für vier Merkmale („f1" bis „f4") generiert. Für jedes Merkmal könnten wir der Datentabelle nun eine neue Spalte mit den jeweiligen Abweichungen hinzufügen. Außerdem können wir den alten Namen der Spalte für die Festlegung des Namens der neuen Spalte nutzen.

Spalten lassen sich unter Angabe ihres Namens auch löschen, wie man ebenso in dem Beispiel sieht. Hierzu steht die Methode `drop()` zur Verfügung. Der Parameter `inplace` sorgt dafür, dass die Operation direkt erfolgt, ohne das Objekt überschreiben zu müssen. Auf welcher Achse man die Methode anwenden möchte, wird wiederum durch den Parameter `axis` angegeben, wobei man durch den Wert „0" innerhalb der Zeilenwerte (index) sucht und mit dem Wert „1" entsprechend innerhalb der Spaltennamen (columns).

## 3.1 Indexing: Gezielt auf Daten zugreifen

Wir haben nun eine Datentabelle erstellt und einige Datenoperationen durchgeführt. Das sind jedoch bei Weitem nicht alle. Daher lohnt sich ein Blick in die Dokumentation. Wie können wir nun auf einzelne Daten innerhalb der Tabelle zugreifen? Prinzipiell können wir auf Einzelwerte zugreifen, auf Zeilen und Spalten sowie auf Ausschnitte („Slices"). Die Zugriffsmöglichkeiten sind in Code-Syntax 3-4 dargestellt.

Wollen wir uns exakt *einen* Wert ausgeben lassen, bestehen dazu zwei Varianten: `df.at[row, col]` und `df.iat[row, col]`. In beiden wird zunächst der Zeilenname bzw. Zeilenindex und dann der Spaltenname bzw. Spaltenindex übergeben. Wesentlich ist hier die Verwendung der eckigen Klammern, da es sich dabei nicht um eine Funktion handelt. Der Unterschied zwischen den beiden Möglichkeiten besteht darin, dass `iat` als Spaltenangabe nicht den Namen, sondern die Index-Position benötigt – daher auch das „i", für „Index". Aus diesem Grund gibt der `at`-Befehl in unserem Beispiel zunächst einen anderen Wert aus als der `iat`-Befehl, denn letzterer sucht nicht den passenden Key (wie bei einem Dictionary), sondern die Position (hier der Wert in Zeile „5", da die Indexierung auch hier bei „0" beginnt). Anders als dem `iat`-Befehl, können wir dem `at`-Befehl auch Zeichenketten übergeben, etwa wenn der Zeilen-Index nicht aus Zahlen, sondern aus Buchstaben besteht. Man kann selbstredend nicht nur auf Werte zugreifen, sondern auch Werte verändern bzw. ersetzen. Wie wir neue Spalten hinzufügen haben wir weiter oben bereits

*Code-Syntax 3-4: Auf Werte eines DataFrame zugreifen*
```
# Auf Einzelwerte zugreifen: [Zeile, Spalte]
df.at[4, "f1"]   # 0.3745401188473625
df.iat[4, 0]     # 0.3042422429595377
df.at[4, "f1"] == df.iat[0, 0]   # True

# Einzelwerte festlegen
df.at[4, "f1"] = 1

# Auf Zeilenwerte zugreifen
df.loc[0]    # Key-Error -> 0 nicht im Index vorhanden
df.iloc[0]   # f1    0.374540 ...
df.loc[4] == df.iloc[0]   # True

# Slicing mit Namen
df.loc[5:9, ["f1", "f3"]]
# Indexierung mit Position
df.iloc[1:6, [0, 2]]

# Slicing mit Start:Stop:Abstand
df.loc[5:9:2, df.columns[0:3]]
df.iloc[1:6:2, range(0, 3)]

# einfaches boolean Indexing
df[df > 0.4]
df[df.label == "Kultur"]

# komplexes boolean Indexing
df[(df.label == "Kultur") | (df.cluster == 2)]   # "Kultur" oder Cluster "2"
df[(df.label == "Kultur") & (df.f3 >= 0.3)]      # "Kultur" und größer gleich 0.3
```

mit den „Cluster"- bzw. „Label"-Werten bereits gesehen. Für einzelne Werte gilt die gleiche Schreibweise. Wir könnten zum Beispiel den at-Befehl nutzen und eine konkrete Zelle in der Datentabelle bestimmen und durch die Verwendung des Gleichheitszeichens den gewünschten Wert vergeben. Die Wertsetzung findet dabei „inplace" statt, wird also direkt vorgenommen.

Genauso verhält es sich bei der Abfrage von *kompletten* Zeilen. Auch hierzu stehen einem zwei Befehle, nämlich loc sowie iloc bereit, die in ihrer Funktionsweise den beiden zuvor besprochenen Befehlen gleichen. Wie wir ebenfalls im Beispiel sehen, wird uns bei dem ersten Befehl ein Fehler ausgegeben. Der „Key-Error" sagt uns, dass der Wert „0" nicht vorhanden ist. Wenn wir uns noch einmal unseren Zeilen-Index anschauen, dann stellen wir fest, dass dieser Index auch erst bei dem Wert „4" beginnt (vgl. Abbildung 3-1 am Anfang). Ein DataFrame-Objekt erlaubt zudem das sogenannte „Slicing", also die stückweise Auswahl von Werten. Hierdurch können dann Zeilen- und Spaltenwerte gezielt angesprochen werden, etwa solche, die „mitten" in der Datentabelle liegen. Auch hier ist es wichtig, die unterschiedliche Funktionsweise zu berücksichtigen: Der `loc`-Befehl benötigt die Namen der Objekte im jeweiligen Index, der `iloc`-Befehl wiederum deren genaue Position. Die Indexierung erfolgt, wie bei Listen auch, durch die Verwendung eines Doppelpunkts – und die Start-, End- sowie Abstandswerte können hierbei ebenso angegeben werden. Es ist also auch möglich, die Werte Schrittweise auszugeben.

Ferner möchte man oftmals nur Werte ausgeben, die eine bestimmte Bedingung erfüllen. Hierzu wird das sogenannte „Boolean Indexing" genutzt. Die Werte lassen sich also anhand einer Wahrheitsprüfung ausgeben, etwa nur solche, die größer als eine bestimmte Angabe sind oder einem bestimmten Wert entsprechen. Auch der Abgleich mehrerer Bedingungen ist möglich, dazu müssen wir jedoch etwas beachten: Die Bedingungen werden in dem Fall nicht mit `and` und `or` bestimmt, sondern mit den Zeichen & und |. Zudem muss jede Bedingung mithilfe von Rundklammern gruppiert werden. Die Bedingungen werden wiederum wie beim Indexing innerhalb der eckigen Klammern platziert.

Bei allen Varianten, die die Index-Position als Eingaben benötigen (`iloc`, `iat`), ist zu beachten, dass die Auswahl der Werte von der Sortierung der Datentabelle abhängt, während dies bei der direkten Ansprache durch die Namen, nicht der Fall ist. Die Werte einer Datentabelle können selbstverständlich auch sortiert werden, wobei hierzu die Methoden `sort_index()` sowie `sort_values()` existieren. Die wertbasierte Sortierung erfolgt dabei durch Eingabe des Spaltennamens, wobei auch mehrere Spalten (als Liste oder Tuple) angegeben werden können. Außerdem lässt sich die Richtung der Sortierung mithilfe des Parameters `ascending` bestimmen (vgl. Code-Syntax 3-5), wobei die Daten mit dem Wert `False` absteigend ausgegeben werden.

*Code-Syntax 3-5: Werte des DataFrame sortieren*
```
df.sort_index(inplace=True)
df.sort_values("f1", ascending=False, inplace=True)
df.sort_values(["f2", "f1"], ascending=False, inplace=True)
```

## 3.2 Überblick über die Daten beschaffen

Um sich mit Pandas einen Überblick über die vorhandenen Daten zu verschaffen, stehen abermals unterschiedliche Methoden und Attribute bereit (vgl. Code-Syntax 3-6). Unter anderem lässt sich klären, welche Datentypen in der Datentabelle vorhanden sind, etwa wenn es sich um Daten aus einer fremden Quelle handelt.

Mit der **head()**-Methode lässt sich der Anfang der Datentabelle ausgeben, standardmäßig werden die ersten fünf Zeilen angezeigt – auch dies lässt sich durch Eingabe eines Zahlenwertes ändern. Die Methode **tail()** stellt das Gegenstück dar und gibt ebenfalls die n-letzten Zeilen aus (auch hier ist der Standard-Wert „5"). Eine weitere Methode, mit deren Hilfe man einen Überblick über die Daten erhalten kann, ist **describe()**. Sie stellt diverse Lagemaße als Ergebnis bereit und kann sowohl auf ein **DataFrame** als auch ein **Series**-Objekt angewendet werden. Um sich Information hinsichtlich der Datenverteilung zu beschaffen, ist zudem ist die **quantile()**-Methode sehr praktisch. Ihr kann ein einzelner Wert, aber auch eine Liste (bzw. ein Tuple) mit Werten übergeben werden.

*Code-Syntax 3-6: Überblick über die Daten erhalten*

```
df.dtypes

df.head(2)
df.tail(7)

df.f1.describe()
# count     10.000000
# mean       0.429836
# std        0.234339
# min        0.065052
# 25%        0.304335
# 50%        0.415305
# 75%        0.598940
# max        0.832443

df.f1.quantile([0.01, 0.25, 0.5, 0.75, 0.99])
# 0.01      0.073239
...
# 0.99      0.812590

# Daten aggregieren, eigene Funktionen verwenden
def sqrt_sum(array):
    sum_array = sum(array)
    return np.sqrt(sum_array)

df.f1.agg(["mean", "median", sum, sqrt_sum])
# mean       0.429836
# median     0.415305
# sum        4.298361
# sqrt_sum   2.073249
```

Außerdem lassen sich die Daten in einfacher Weise aggregieren. Hierzu kann die Methode `agg()` genutzt werden, die als Parameter entweder eine einzelne Funktion oder eine Liste mit Funktionen übernimmt. Hierbei ist es möglich, Funktionen zu verwenden, die dem DataFrame-Objekt als Methode zur Verfügung stehen. Die jeweilige Bezeichnung der Methode wird dann als Zeichenkette angegeben. So besitzt ein DataFrame die Methode `df.median()` und diese kann durch die Angabe „median" aufgerufen werden. Neben den existierenden Funktionen lassen sich auch andere Funktionen einbinden, zum Beispiel aus dem NumPy-Paket, oder selbst definierte.

## 3.3 Daten mit eigenen Funktionen bearbeiten

Bisher haben wir Methoden kennengelernt, mit denen wir uns Ergebnisse generieren bzw. uns Statistiken ausgeben lassen können. Daten lassen sich mit deren Hilfe jedoch auch bearbeiten und transformieren, etwa mit der Methode `apply()`. Nehmen wir zum Beispiel an, wir hätten einen Datensatz, der eine Spalte mit Tweets beinhaltet. Wir hatten zu Beginn eine Funktion definiert, die wir nun dazu nutzen können, die Hashtags und User-Mentions herauszufiltern und in eine eigene Spalte zu speichern. Diese Funktion können wir der `apply()`-Methode übergeben. Die Methode kann auch weitere Argumente enthalten, die wir ebenso angeben können. In Code-Syntax 3-7 wird dies vereinfacht demonstriert.

*Code-Syntax 3-7: Funktionen auf ein DataFrame anwenden*
```
def multi_x(x, *args):
    for arg in args:
        x *= arg
    return int(x)

# xi mit den args-Werten multiplizieren [i: 0 ... n]
df.f1.apply(multi_x, args=(3, 2, 4))

# 0, wenn xi kleiner oder gleich 0.5, sonst 1 [i: 0 ... n]
df.f2.apply(lambda x: 0 if x <= 0.5 else 1)
```

Wie wir in diesem Beispiel sehen, erhält `apply()` nur den Namen der Funktion, wir verzichten also auf die Rundklammern, die wir üblicherweise bei einem Funktionsaufruf angeben müssen, d. h. wir rufen die Funktion nicht direkt auf, das macht die `apply()`-Methode für uns. Der Parameter `args` ist optional und erhält wiederum ein Tuple mit den entsprechenden Argumenten, die unsere Funktion noch benötigt. In unserem Beispiel wird x mit allen Werten multipliziert, die wir als Argumente noch hinzufügen. Welche Argumente das genau sind, übergeben wir, wie gesagt, dem `args`-Parameter. Ferner könnten wir für `apply()` auch eine `lambda`-Funktion nutzen, sollten wir eine einmalige Daten-Operation durchführen.

## 3.4 Daten einlesen und exportieren

Wir wissen nun, wie wir uns einen Überblick verschaffen und wie wir unsere Daten transformieren können. Wie können wir unsere Daten nun exportieren? Auch hierfür bietet Pandas die entsprechenden Möglichkeiten. Vorhandene Daten können sehr einfach eingelesen und exportiert werden. Dabei werden unterschiedliche Formate unterstützt, etwa `csv`, `json` oder `html`. Zudem können auch Excel-Dateien genutzt werden. Das *Einlesen* geschieht mit Funktionen, die das Pandas-Paket bereitstellt. Der *Export* findet hingegen mit Methoden des DataFrame-Objekts statt. Wie man in Code-Syntax 3-8 vereinfacht sehen kann, muss man beim Aufruf mindestens den Dateipfad angeben. Zudem können zahlreiche weitere Parameter übergeben werden, die je nach Dateiformat den Einlese- sowie Schreibprozess spezifizieren. Wie bereits erwähnt wurde, stellen sich `csv`-formatierte Dateien oftmals als durch Tabulator getrennte Dateien heraus, dies könnten wir wiederum dem Parameter `sep` mitteilen. Dies gilt ebenso für den Export von Informationen.

*Code-Syntax 3-8: Daten einlesen und exportieren mit Pandas*
```
# Einlesen allgemein
pd.read_<format>(fpath, **params)

# Einlesen einer Datei mit Tabulator getrennten Werten
data = pd.read_csv("my_tsv_data.csv", sep="\t")

# Export allgemein
df.to_<format>(fpath, **params)  # Beispiel: df.to_csv

# Export einer Datei mit Pipe getrennten Werten
df.to_csv(fpath, sep="|")
```

# Datenerhebung mit Python am Beispiel von Twitter und Nachrichten-Medien

**4**

### Zusammenfassung

In diesem Kapitel wird exemplarisch gezeigt, wie Python zur automatisierten Datenerhebung genutzt werden kann. Im ersten Beispiel greifen wir auf Daten von Twitter zurück. Hierzu erstellen wir uns zunächst einen Developer-Account sowie eine App mit Zugangsdaten. Anschließend stellen wir mit dem Modul tweepy eine Verbindung zur Twitter-API her und greifen hierdurch auf die Datenbank zu. Im zweiten Beispiel laden wir Artikel von einer großen deutschen Nachrichten-Webseite herunter (Spiegel Online). Hierzu nutzen wir das Modul requests, mit dem sich die Webseiten-Aufrufe vereinfachen lassen. Die Inhalte laden der Artikel laden wir aus dem Seiten-Quelltext der Artikel. Dazu nutzen wir wieder das Modul beautifulsoup.

### Schlagwörter

Tweepy, Requests, BeautifulSoup, Python, Web Scraping, Web Crawling, Twitter, Spiegel Online, Data Mining, Data Science

Nachdem wir nun einen Einblick in die Syntax von Python erhalten haben und Python-Code schreiben können, wollen wir diese Fähigkeit nutzen, um Daten zu erheben. Das Vorgehen soll an zwei Beispielen demonstriert werden. Dabei handelt es sich zum einen um Social-Media-Daten der Plattform *Twitter* und zum anderen um Text-Daten von Nachrichten-Medien (hier exemplarisch von *Spiegel Online*). Bevor wir nun die Datenerhebung konkret am Beispiel durchführen, möchte ich noch zwei Anmerkungen zur Forschungsethik anbringen: *Erstens* darf man längst nicht alles mit den Daten anstellen, auch wenn sie frei verfügbar sind. So unterliegen die Nachrichten-Texte etwa dem Urheberrecht und dürfen nicht ohne Weiteres verbreitet werden. Nicht problematisch ist es jedoch, diese Daten einzulesen und numerisch zu verarbeiten, d. h. auszuwerten und die Erkenntnisse zu nutzen. Um sicher zu gehen, sollte man stets die allgemeinen Geschäftsbedingungen („Terms of Service") lesen und entsprechend agieren.

*Zweitens* kann die automatisierte Abfrage von Webseiten, besonders wenn sie von sehr leistungsstarken Rechnern durchgeführt wird (Stichwort: Cloud Computing, Cluster Computing), schnell zum Zusammenbruch der Web-Server führen. Dies gilt vor allem für kleinere Anbieter, die ihre Inhalte nicht auf mehrere Systeme verteilen. Folglich sollte die Abfrage zeitlich begrenzt werden, d. h. man sollte stets eine kleine Pause hinzufügen, um die Server-Ressourcen nicht unnötig zu belasten. Viele Server-Anbieter haben hierzu Schutzmechanismen integriert, sodass ein übermäßiger Zugriff zur Sperrung der eigenen IP-Adresse führen kann und einem dadurch der Zugang zu den Inhalten dauerhaft verwehrt bleibt. Wenn Zeit also keine Rolle spielt, sollte die Häufigkeit der Abrufe begrenzt und zudem auf Uhrzeiten gelegt werden, zu denen die Webseiten nicht so stark frequentiert werden (etwa nachts). Wenigstens all dies gilt es zu beachten. Denken Sie dran: Sie schreiben den Code, Sie sind für die Funktionsweise verantwortlich.

## 4.1  Daten von Twitter erheben

Der US-amerikanische Micro-Blogging-Dienst Twitter hat sich in den zurückliegenden Jahren zu einer Kommunikationsplattform entwickelt, auf der in Echtzeit über eine Vielzahl an Themen diskutiert wird. Es gibt im Grunde nichts, über das dort nicht gesprochen wird. Jeden Sonntag wird zum Beispiel der aktuelle „Tatort" kommentiert, aber auch TV-Debatten thematisiert. Für die Sozialforschung sind das sehr interessante Daten. Im nachfolgenden Kapitel wird aufgezeigt, wie man auf diese zugreifen kann.

Die große Beliebtheit der Twitter-Daten hat buchstäblich ihren Preis. Zwar bietet das Unternehmen einen kostenlosen Zugang an, jedoch müssen hier starke Einschränken hinsichtlich der Performanz hingenommen werden (z. B. Limitierungen der Abfragefrequenz). In den Geschäftsbedingungen untersagt es Twitter, diese Beschränkungen zu umgehen. Im schlimmsten Fall würde dies zur Suspendierung des Accounts führen.[30] Man ist also angehalten, sich an diese Bedingungen zu

---

30  Vgl. hierzu: https://developer.twitter.com/en/developer-terms/more-on-restricted-use-cases

## 4.1 Daten von Twitter erheben

halten. Zudem erhält man keinen Vollzugriff auf die Datenbank, sondern immer nur einen Ausschnitt. Die Daten aus der Abfrage sind also streng genommen nicht repräsentativ.[31] Twitter bietet jedoch auch einen kommerziellen Zugang an, der mehr Informationen bereitstellt und weniger stark limitiert ist.

Wir wollen uns hier auf die Möglichkeit beschränken, Twitter-Daten mit einem kostenlosen Zugang zu erheben. Zur Datenabfrage werden folgende Aspekte benötigt:

1. ein Twitter-Konto
2. ein Twitter Developer Account
3. eine *eigene* Twitter-App
4. Zugangsdaten der App („credentials")

Ich gehe davon aus, dass Sie wissen, wie Sie einen Twitter-Account anlegen, vermutlich haben Sie bereits einen solchen. Wie eröffnet man nun aber an einen Entwickler-Account? Wie generiert man eine App und wo findet man die Zugangsdaten? Zunächst müssen Sie sich bei Twitter mit ihrem Konto anmelden. Anschließend navigieren Sie auf folgende Adresse:

```
https://developer.twitter.com/en/apply-for-access
```

Dort klicken Sie auf „Apply for developer account" und erweitern ihren Account um ein Entwicklerkonto. Dazu müssen Sie noch einige Fragen beantworten, den Nutzungsbedingungen zustimmen und auf den Link in der Bestätigungsemail klicken. Abschließend müssen Sie auf Freischaltung warten. Dies kann eine Weile in Anspruch nehmen, wundern Sie sich also nicht, wenn Sie nicht gleich eine Rückmeldung erhalten. Nach der erfolgreichen Freischaltung können Sie dann eine App erstellen. Keine Sorge, sie müssen nichts programmieren, sondern benötigen nur die Zugangsdaten der App. Hierzu navigieren Sie auf die folgende Website:

```
https://developer.twitter.com/en/apps
```

Eine App liefert Zugriff auf die Twitter-API. Eine API ist ein „Application Programming Interface", also eine Programmierschnittstelle, mit der es möglich wird, auf bereitgestellte Daten zuzugreifen. Die Python-Community hat für diesen Zugriff

---

31 Zumal nicht jeder auch Twitter nutzt und die Repräsentativität bzw. Population auf Twitter allgemein zu hinterfragen, aber vor allem zu klären wäre. Dies ist jedoch nicht Thema dieses Buches.

einige Pakete erstellt, mit deren Hilfe wir die Abfragen vereinfachen können. Wir nutzen im folgenden Abschnitt das Paket tweepy, das wir noch installieren müssen.

### 4.1.1 TweePy installieren und erste Schritte

Das Paket tweepy können wir mit dem pip-Befehl installieren. Hierzu geben wir pip install tweepy in die Konsole ein. Die Dokumentation des Pakets findet sich wiederum auf http://docs.tweepy.org und ist die erste Anlaufstelle, wenn man wissen möchte, wie das Paket funktioniert und welche Befehle bzw. Funktionen bereitgestellt werden. Die Dokumentation liefert gleich zu Beginn ein kurzes Anwendungsbeispiel, das hier etwas abgeändert in Code-Syntax 4-1 wiedergegeben wird. In diesem Beispiel wird gezeigt, wie man sich Zugriff zur Twitter-API verschaffen kann.

Der Anmeldevorgang ist im Grunde immer notwendig, egal ob man nun vergangene Tweets abfragen, oder aktuelle Tweets in Echtzeit „streamen" möchte. Zunächst muss man sich authentifizieren. Dafür werden Zugangsdaten („credentials") benötigt. Dabei handelt es sich um vier Werte: den consumer_key, das consumer_secret, ein access_token sowie ein access_token_secret. Wo finden wir diese Angaben? Die Antwort ist ganz einfach: Die Daten finden Sie in einer „App". Rufen Sie dazu die Seite mit ihren Apps auf und klicken Sie auf „Details".

*Code-Syntax 4-1: Verbindung zur Twitter-API herstellen (Variante 1)*

```python
import tweepy

ckey = "eou6IeB2uaYvr0WG81SmDousU"
csec = "QEUPMG3aSBvLMMKVnZx9bu1Az0RkUkWeWH9eKvgtl6NdnU37K3"
atok = "12345678-1eFp6wmt5hBa0Qo6Un3dF1Gy4Z1bx5QOmXBQeQLIP"
asec = "oh76AocwbXjSBkVPwoCFklIVLKRVfJtg6t4KpJKX6aUVb"

# Nutzerdaten bereitstellen
auth = tweepy.OAuthHandler(ckey, csec)
auth.set_access_token(atok, asec)

# Authentifizierung durchführen, Verbindung aufbauen
api = tweepy.API(auth)

followers = api.followers()

for follower in followers:
    print(follower.screen_name)
```

## 4.1 Daten von Twitter erheben

Dort finden Sie nun drei Menü-Punkte, unter anderem „Keys and tokens" und genau dort können Sie die vier benötigten Zugangsdaten finden bzw. generieren. Wichtig ist hierbei: Geben Sie diese Daten niemals weiter, denn Sie würden anderen damit Vollzugriff auf ihr Profil ermöglichen. Wenn Sie die Daten haben, müssen Sie zunächst den `consumer_key` und das `consumer_secret` der Klasse `OAuth-Handler` übergeben und in einem Objekt speichern. Anschließend können Sie die Methode `set_access_token()` anwenden, in der Sie wiederum die beiden anderen Zugangswerte als Parameter anwenden. Eine alternative Möglichkeit zur Verbindung ist in Code-Syntax 4-2 dargestellt. Diese können Sie nutzen, wenn Sie bereits über `consumer_secret` sowie `access_token` verfügen bzw. um die beiden Tokens im Programm zu erstellen und nicht auf der Twitter-Webseite. Sie werden dann aufgefordert, eine Webseite aufzurufen, auf der Sie sich mit ihrem Account einloggen und der App anschließend Zugriff gewähren. Zu guter Letzt erhalten Sie eine PIN, die Sie eingeben müssen, um die restlichen Zugangsdaten zu erstellen.

Was passiert nach der Authentifizierung? Die `auth`-Daten werden anschließend der `tweepy.API` Klasse übergeben. Bei erfolgreicher Authentifizierung können wir danach mit dem `api`-Objekt auf die Twitter-Datenbank zugreifen und spezifische Abfragen tätigen. Unter anderem können wir die Methode `followers()` aufrufen und dadurch nachvollziehen, wer uns auf Twitter folgt. Mit einem `for`-Loop ließe sich über die `followers`-Liste iterieren, etwa um uns anzeigen, wie diese Personen heißen.

*Code-Syntax 4-2: Verbindung zur Twitter-API herstellen (Variante 2)*

```python
import tweepy

ckey = "bou6IeB2uaYvr0WG81SmDousA"
csec = "SEUPMG3aSBvLMMKVnZx9bu1Az0RkUkWeWH9eKvgtl6NdnU37K6"

# Nutzerdaten bereitstellen
auth = tweepy.OAuthHandler(ckey, csec)
print(f"Visit: {auth.get_authorization_url()}")
PIN = input("PIN number: ")

access_params = auth.get_access_token(PIN)    # returns a tuple with: (atok, asec)
auth.set_access_token(*access_params)         # tuple unpacking

# Authentifizierung durchführen, Verbindung aufbauen
api = tweepy.API(auth)
```

## 4.1.2 Informationen eines Twitter-Nutzers abfragen

Nachdem wir erfolgreich ein API-Objekt erstellt haben, können wir Informationen abfragen. Hierzu stehen uns unterschiedliche Methoden bereit. Unter anderem können wir mithilfe der `get_user()`-Methode die spezifischen Informationen eines Twitter-Users abfragen. Wichtig ist hierbei: Der sogenannte „ScreenName" kann sich im Verlauf eines Twitter-Daseins ändern. Sie könnten sich irgendwann dazu entschließen, sich umzubenennen. Würde man dann nach dem ScreenName suchen, würde man kein Ergebnis erhalten. Die Lösung ist, bei Abfragen stets die Twitter-ID eines Nutzers zu verwenden, denn diese bleibt gleich und ist an einen Account gebunden. Das Attribut `screen_name` kann sich also ändern, das Attribut `id` hingegen nicht. Die User-ID kann wiederum im Seitenquelltext des Twitter-Profils gefunden werden.

Wir übergeben der Methode `get_user()` nun die ID eines Nutzers und speichern die resultierenden Daten in einem `user`-Objekt, wie in Code-Syntax 4-3 dargestellt ist. Wir erhalten nun Zugriff auf verschiedene Attribute sowie Methoden, die wir zur Informationsgewinnung nutzen können. Mit der `timeline()`-Methode, die das User-Objekt bereitstellt, können wir zum Beispiel die letzten Tweets eines Users abfragen. Hierbei wird eine Liste mit weiteren Objekten generiert, die wiederum bestimmte Attribute aufweisen, etwa das `text`-Attribut, das den Text eines Tweets ausgibt.

*Code-Syntax 4-3: Ausgewählte Attribute und Methoden eines User-Objektes*

```
user = api.get_user(id=5715752)    # Zeit Online
```

```
# Ausgewählte Attribute
user.id
user.id_str
user.name
user.screen_name
user.description
user.friends_count
user.followers_count
user.statuses_count
user.created_at
user.geo_enabled
user.protected
user.time_zone
user.favourites_count
user.lang
user.verified
user.location
```

```
# Ausgewählte Methoden
user.friends()
user.timeline()
user.followers()
user.followers_ids()

# die aktuellsten 20 Meldungen abfragen
timeline = user.timeline()
latest_tweet = timeline[0].text
```

## 4.1 Daten von Twitter erheben

Hierbei werden jedoch immer nur die letzten 20 Tweets ausgespielt. Das ist eine Begrenzung, die Twitter vornimmt. Grundsätzlich kann die Timeline aus mehreren *Seiten bestehen*, mit jeweils 20 Tweets. Das Paket **tweepy** bietet hierzu die Möglichkeit an, in einfacher Weise innerhalb dieser Seiten zu „blättern" bzw. zu navigieren. Dazu wird ein sogenannter Cursor benötigt, der wie in Code-Syntax 4-4 aufgezeigt, eingesetzt werden kann.

*Code-Syntax* 4-4: *Curso*r-Objekt in Tweepy

```python
# Cursor Objekt generieren
cursor = tweepy.Cursor(api.user_timeline, id=5715752)

# 100 Status-Meldungen abfragen
results = [status for status in cursor.items(100)] # status -> json

# 3 Seiten mit je 20 Status-Meldungen abfragen
results = [page for page in cursor.pages(3)]

# count: -1 -> Alle möglichen Ergebnisse abfragen
conf = {"id": 9655032, "count": -1}
timeline = tweepy.Cursor(api.user_timeline, **conf)
all_status = [status for status in timeline.items(10)]

for status in all_status:
    print(f"{status.name} twittert: {status.text}")
```

Der Cursor nutzt ein iterierbares Objekt, wie etwa die Timeline eines Users, und blättert auf unterschiedliche Weise. So kann man die Seiten-Anzahl angeben (**pages**), aber auch die Anzahl der Statusmeldungen (**items**). Möchte man wiederum alle Ergebnisse abfragen, die von Twitter zur Verfügung gestellt werden, lässt sich dies ebenso realisieren. Man erhält diese Daten, wenn man dem Cursor wiederum den Parameter **count** mit dem Wert „-1" übergibt. Twitter gibt (derzeit) in der kostenfreien Variante jedoch maximal 5000 Ergebnisse zurück.

Bei jeder Anfrage gibt die Twitter-API ein JSON-Objekt als Ergebnis zurück. Dieses Objekt stellt sehr viele Informationen bereit, wovon in der Praxis meist nur wenige genutzt werden. Bei dem dargestellten Output (vgl. Code-Syntax 4-5) handelt es sich um einen (!) Tweet, den *ZeitOnline* geschrieben hat. Gezeigt wird dabei ein (stark gekürztes) JSON-Objekt, das von der API ausgegeben wurde. Der Vorteil an JSON ist, zumindest aus Sicht der Python-Programmierung, dass der Zugriff der Inhalte dem Zugriff auf Dictionaries sowie Listen gleicht. Die meisten der gezeigten Datenpunkte sind, wie erwähnt, oftmals nicht interessant, wenngleich man auch auf diesen **raw**-Output zugreifen kann. Es bietet sich meist jedoch an, die

*Code-Syntax 4-5: Beispiel JSON-Output der Twitter-API*

```
{
  'created_at': 'Thu Nov 01 12:43:12 +0000 2018',
  'id': 1057976348965326848,
  'id_str': '1057976348965326848',
  'text': 'Der @FCBayern will das #ChampionsLeague-Finale in München ausrichten. https://t.co/QcDNyPsywv',
  'truncated': False,
  ...
  'user': {
    'id': 5715752,
    'id_str': '5715752',
    'name': 'ZEIT ONLINE',
    'screen_name': 'zeitonline',
    'location': 'Berlin und Hamburg, Germany',
    'description': 'Ja, das ist unser offizieller Twitter-Account. Hier bekommen Sie die wichtigsten Geschichten und aktuelle News. || Impressum: https://t.co/HsU5BwJnJk',
    'url': 'http://t.co/zzdcZCBgYn',
    ...
  },
  'geo': None,
  'coordinates': None,
  'place': None,
  'contributors': None,
  'is_quote_status': False,
  'retweet_count': 1,
  'favorite_count': 5,
  'favorited': False,
  'retweeted': False,
  'possibly_sensitive': False,
  'lang': 'de'
}
```

Ergebnisse zu filtern bzw. nur das zu speichern, was man für die Analyse benötigt. Hierdurch wird zudem die Dateigröße verringert, sollte man die Ergebnisse in eine Datei schreiben wollen.

### 4.1.3 Einen Datensatz mit Twitter-Daten erstellen

In diesem Abschnitt wird gezeigt, wie wir die Daten in ein `DataFrame` speichern. Nehmen wir nun an, wir haben eine Anzahl von User-IDs, von denen wir jeweils die letzten 100 Tweets in eine Datentabelle einfügen wollen. Wie ließe sich dies umsetzen? Zunächst müssten wir festlegen, welche Informationen überhaupt in den Datensatz gespeichert werden sollen. Ein Tweet hat unterschiedliche formale und inhaltliche Attribute. Mit „formalen" Attributen meine ich zum Beispiel das Datum bzw. den Zeitstempel und damit wann der Tweet veröffentlicht wurde. Hierzu zähle ich auch die User-ID und den Namen des Users. Dahingegen sind „inhaltliche" Attribute wiederum der Text eines Tweets, die sogenannten Hashtags (z. B. #BlackLiveMatters), oder die Nennung eines anderen Nutzers durch das „@"-Symbol (z. B. @mfeyx), also Dinge, die sich je nach Tweet ändern können.

Mit `tweepy` können wir nun sehr komfortabel auf all diese Informationen bzw. Felder zugreifen. Der Vorteil ist zudem, dass bestimmte Datentypen schon in einem Format vorliegen, das nicht mehr umgewandelt werden muss, um damit weiterzuarbeiten (etwa das Datum). Die Informationen, die wir extrahieren wollen sind hier relativ übersichtlich gehalten, und zwar:

1. `user -> id`
2. `user -> screen_name`
3. `user -> name`
4. `user -> verified`
5. `text`
6. `created_at`
7. `lang`

Der Programmcode in Code-Syntax 4-6 zeigt, wie wir von zwei Usern die 100 aktuellsten Status-Meldungen abfragen können, wobei wir von jedem Status wiederum nur die festgelegten Merkmale in ein Daten-Objekt speichern und anschließend einer Liste hinzufügen. Würden wir den Wert „100" nicht spezifizieren, so erhielten wir alle möglichen Ergebnisse. Die generierte Liste können wir dann wiederum für die Erstellung des `DataFrame` verwenden. Zudem übergeben wir dem DataFrame-Konstruktor die Namen der Spalten, die wir in der Reihenfolge festlegen, wie Sie auch in der Datenabfrage existiert.

Die Abfrage variiert selbstredend mit jeder Forschungsfrage. Besonders für Netzwerk-Analysen sind die Verbindungen zwischen den einzelnen Usern interessant, die hier nicht bedacht wurden. Ziel war es vielmehr, zu zeigen, wie mithilfe von `tweepy` eine Verbindung zur Twitter-API aufgebaut und Daten abgefragt werden können. Ferner ist es mit `tweepy` ebenso möglich, auf den „Stream" von Twitter zuzugreifen – also auf Tweets usw., die in Echtzeit gelesen werden. Wir haben lediglich auf die sogenannte „RESTful"-API zugegriffen, d. h. auf historische Daten, die bereits auf dem Server bereitstehen.

*Code-Syntax 4-6: Twitter-Daten in ein DataFrame speichern*

```python
import tweepy
import pandas as pd

# auth, api ...
users = [9655032, 5715752]

results = []
for user in users:
    # Timeline eines Users
    timeline = tweepy.Cursor(api.user_timeline, id=user)
    # für jeden Status auf der Timeline
    for status in timeline.items(100):
        data = (
            status.user.id,
            status.user.screen_name,
            status.user.name,
            status.user.verified,
            status.text,
            status.created_at,
            status.lang,
        )

        results.append(data)

cols = "user_id screen_name name verified tweet date language".split()
df = pd.DataFrame(results, columns=cols)
```

## 4.2 Einfaches Web-Scraping von Online-News

Im folgenden Beispiel wollen wir uns mit der automatisierten Abfrage Nachrichten-Artikeln befassen. Heute stellt jede Zeitung ihre Inhalte meist auch auf ihrer Webseite (mehr oder weniger) frei zur Verfügung. Die Inhalte lassen sich inhaltsanalytisch untersuchen, sie müssen dazu jedoch zunächst heruntergeladen werden – man spricht hierbei vom sogenannten „Web-Scraping", „Web-Crawling", oder allgemein von „Data-Mining". Je nach Fallzahl kann sich der Aufwand soweit erhöhen, sodass sich dieser manuell nicht mehr bewältigen lässt. Sicherlich können 100 Artikel händisch verarbeitet werden, dies wird jedoch zunehmend schwieriger, sobald sich die Anzahl um ein Vielfaches erhöht. Auch diese Aufgabe können wir zum Glück automatisieren.

Bevor wir damit konkret beginnen, möchte ich zunächst einmal auf die Frage eingehen, wie es überhaupt möglich ist, die Texte von Webseiten automatisch zu erheben? Schließlich sieht jede Webseite auf den ersten Blick anders aus. Heutige

Webseiten sind *dynamisch*, d. h. sie haben eine vorgefertigte Struktur, die erst bei Bedarf mit Inhalten gefüllt wird. Das trifft besonders auf die Seiten der Zeitungen oder auch Blogs zu, oder allgemein alle Webseiten, die Content-Management-Systeme einsetzen. Mit anderen Worten, der Aufbau einer Einzelseite ist statisch und nur die Inhalte variieren. Nur da sich die Struktur nicht ändert, genauer: der Verweis auf ein spezifisches Element der Webseite gleichbleibt, können wir die Inhalte automatisch abfragen. Dafür benötigen wir drei Python-Pakete, die installiert sein müssen:

- requests
- beautifulsoup (für die Extraktion der Inhalte)
- pandas (für die Verarbeitung und Auswertung)

Alle Pakete lassen sich (nachträglich) mit dem Befehl `pip install <package>` installieren. Mit dem Modul `requests` werden die Webseiten-Abfragen vereinfacht, mit `beautifulsoup` die Extraktion der Inhalte und mit `pandas` wiederum die Verarbeitung aus Auswertung.

### 4.2.1 Einfaches Beispiel einer Web-Abfrage

Grundsätzlich können verschiedene Anfragen an einen Web-Server gestellt. Man kann unter anderem Inhalte anfragen (`GET`), Inhalte übergeben (`POST`), oder Inhalte löschen (`DELETE`). Für uns ist nur die Anfrage von Inhalten relevant, also die `get`-Methode zentral. Das Paket `requests` kann genau diese HTTP-Anfragemethoden ausführen und entsprechend lauten auch die dazugehörigen Befehle. Wir starten zunächst mit einer einfachen Abfrage (vgl. Code-Syntax 4-7).

Hierzu müssen wir einerseits `requests` importieren und die Adresse der Webseite in eine Variable speichern. Das Ergebnis unserer Abfrage speichern wir wiederum in ein Objekt, das wird `response` benennen. Dieses Objekt besitzt wiederum unterschiedliche Attribute, die wir aufrufen können – unter anderem den sogenannten `status_code`. Dieser gibt Einblick darüber, ob die Verbindung erfolgreich aufgebaut werden konnte oder nicht. Der Code „200" sagt dabei aus, dass die Anfrage erfolgreich war; der Code „404" zeigt wiederum auf, dass das abgefragte Dokument nicht gefunden wurde. Neben dem Statuscode ist für unser Vorhaben das `content`- bzw. das `text`-Attribut relevant. Hierbei handelt es sich um den Quelltext der Seite, also den HTML-Code mit allen Inhalten. Der Unterschied zwischen `response.content` und `response.text` besteht darin, dass ersteres Byte-Code zurückgibt und letzteres Unicode. Dieser Unterschied wird später noch einmal interessant (vgl. Code-Syntax 4-15).

*Code-Syntax 4-7: Web-Abfragen mit requests und beautifulsoup*
```
import requests
from bs4 import BeautifulSoup

url = ("https://www.faz.net/aktuell/"
       "beruf-chance/campus/internationaler-act-"
       "ausgefallen-wie-ein-abgesagtes-abitur-15940321.html")

response = requests.get(url)

if response.status_code == 200:
    soup = BeautifulSoup(response.text, 'html.parser')
```

Für die weitere Verarbeitung benötigen wir den Quelltext der abgefragten Webseite, da sich hier die relevanten Informationen verbergen. Das Modul `beautifulsoup` vereinfacht wiederum den Zugriff auf diese Information. Daher importieren wir die Klasse `BeautifulSoup` und erstellen ein neues Objekt mit dem Namen `soup`. Die BeautifulSoup-Klasse benötigt zwei Parameter, zum einen den Inhalt, der verarbeitet werden soll und zum anderen einen sogenannten „Parser", der die Inhalte in einzelne Bestandteile zerlegt. In unserem Fall greifen wir auf den `html.parser` zurück, den wir als Zeichenkette übergeben. Es können noch weitere Parser übergeben werden, empfohlen ist etwa der LXML-Parser, der durch „lxml" aufgerufen wird. Damit dies funktioniert muss jedoch das Paket `lxml` installiert sein.

### 4.2.2 Inhalte aus dem Seitenquelltext extrahieren

Mit dem `soup` Objekt lassen sich nun wiederum verschiedene Methoden zur Abfrage des Inhaltes aufrufen. Die für uns wesentlichen Methoden, mit denen wir die Inhalte extrahieren können, sind dabei `find()` bzw. `find_all()`. Mit `find()` wird uns lediglich das erste Objekt zurückgegeben, das unserer Sucheingabe entspricht, während `find_all()` eine Liste aller gefundenen Objekte ausgibt. Als Parameter können sowohl die jeweiligen HTML-Tags eingetragen werden, oder entsprechende Klassen-Bezeichnungen sowie IDs.

Um das Vorgehen zu verdeutlichen, erstellen wir zunächst eine mehrzeilige Zeichenkette, die ein HTML-Dokument simuliert und der `BeautifulSoup`-Klasse übergeben werden kann (vgl. Code-Syntax 4-8). Wollen wir nun auf den `body` einer Webseite zugreifen, so könnten wir hier für die `find()`-Methode nutzen. Es ließe sich aber auch direkt drauf verweisen, da die einzelnen Tags in dem `soup`-Objekt als Attribut hinterlegt sind. Dies funktioniert jedoch nur mit Elementen, die lediglich einmal existieren bzw. wird stets nur auf das jeweils erste Element verwiesen.

## 4.2 Einfaches Web-Scraping von Online-News

*Code-Syntax 4-8: Elemente im HTML-Quelltext suchen*

```
html_doc = """
<html>
<head>
    <title>Nachricht</title>
</head>
<body>
    <h1>Überschrift des Artikels</h1>
    <p class="lead">Einleitung des Artikels</p>
    <p class="story">Erster Absatz des Artikels</p>
    <p class="story">Zweiter Absatz des Artikels</p>
    <p class="story">Dritter Absatz des Artikels</p>
    <a href="https://www.example.com">Beispiel-Verlinkung</a>
</body>
</html>
""".strip()

soup = BeautifulSoup(html_doc, "html.parser")
soup.body == soup.find("body")   #out: True

# <TAG> vs. <TAG>.text
print(soup.body.h1)        # <h1>Überschrift des Artikels</h1>
print(soup.body.h1.text)   # Überschrift des Artikels

soup.find_all("p")
# [<p class="lead">Einleitung des Artikels</p>,
# <p class="story">Erster Absatz des Artikels</p>,
# <p class="story">Zweiter Absatz des Artikels</p>,
# <p class="story">Dritter Absatz des Artikels</p>]

# Variante 1: alle Tag-Elemente mit Klassen-Attribut "story"
soup.find_all(class_="story")

# Variante 2: alle Tag-Elemente mit Klassen-Attribut "story"
soup.find_all(attrs={"class":"story"})]

# alle p-Tags mit Klassen-Attribut "story"
paragraphs = [p.text for p in soup.find_all("p", {"class":"story"})]
text = " ".join(paragraphs)
```

Für die Inhaltsanalyse benötigen wir nur den eigentlichen Text, d. h. wir wollen nicht den HTML-Code speichern, sondern nur den Text, der auf der Webseite zu sehen ist. Auf den Text können wir entweder durch die Methode `<TAG>.get_text()` oder direkt durch das Attribut `<TAG>.text` zugreifen, wobei `<TAG>` hier ein Beautiful-Soup-Objekt symbolisiert. Typischerweise werden die Text-Inhalte einer Webseite mit `<p>`-Tags in den Quelltext eingebunden. Das „p" steht für „Paragraph" und markiert letztlich einen einzelnen Absatz. Um nun alle Absätze zu erhalten, nutzen wir die `find_all()`-Methode, wie ebenso im Beispiel gezeigt. Als Ergebnis dieser Abfrage erhalten wir eine Liste, die wiederum einzelne BeautifulSoup-Objekte bzw. Elemente enthält. Auch in unserem Beispiel befindet sich der Inhalt jeweils innerhalb eines `<p>`-Tags, jedoch mit unterschiedlichen Klassen-Attributen (hier: „lead" sowie „story"). Noch ein wichtiger Hinweis: Auch im HTML-Code findet sich das Schlagwort „class", das in Python jedoch ein reservierter Begriff ist. Würden wir nach „class" suchen, etwa nach `soup.find(class="lead")`, würden wir einen Fehler erhalten. Wir müssen daher den Parameter mit einem Unterstrich ergänzen: `soup.find(class_="lead")`.

Ferner lässt sich die Suche auch mithilfe des Parameters `attrs` eingrenzen, dem wir ein `Dictionary` mit dem Attribut und der Attribut-Bezeichnung übergeben. Dabei gibt es die Möglichkeit, nur den `attrs`-Parameter zu verwenden, oder diesen in Kombination mit dem jeweiligen Tag-Element anzugeben, um die Suche noch deutlicher zu spezifizieren. Können wir uns sicher sein, dass ein bestimmtes Attribut und seine Bezeichnung nur bei den uns interessierenden Instanzen verwendet wird, reicht die einfache Angabe jedoch aus. In der Syntax wird zum Beispiel gezeigt, wie wir alle Absätze extrahieren können. Die Besonderheit ist dabei, dass wir der `find_all()`-Methode noch ein Dictionary übergeben haben, das nur die `<p>`-Tags findet, die auch das Klassen-Attribut „story" besitzen. Hier müssen wir die Suche sehr spezifisch umsetzen, da wir sonst auch den einleitenden Absatz erhielten. Jeder HTML-Tag kann also Attribute besitzen, die man wiederum zur Selektion verwenden kann. Am Ende des Beispiels nutzen wir die `join()`-Methode dazu, die Liste in eine Zeichenkette umzuwandeln.

### 4.2.3 Ergebnisse einer thematischen Suche speichern

Bisher haben wir an einem fiktiven Beispiel kennengelernt, wie man die Inhalte aus einer Webseite abfragen kann. Nun wollen wir die Prozedur auf reale Suchergebnisse übertragen. In den meisten Fällen sucht man nach spezifischen Artikeln bzw. spezifischen Themen. So könnte man etwa nur an Artikeln interessiert sein, die das Thema „Syrien-Konflikt" behandeln. Man würde dann die Suchfunktion auf den entsprechenden Nachrichten-Webseiten nutzen und, wenn möglich, alle Ergebnisse der Suche speichern. Wenn wir zum Beispiel auf der Webseite *spiegel. de* nach „Syrien-Konflikt" suchen, sehen wir anschließend eine veränderte bzw. erweiterte URL in der Adressleiste unseres Browsers. Diese URL erhält nun eine sogenannte „Query"-Ergänzung, also einen spezifischen Anfragewert. Suchergebnisse werden oftmals in verschiedene Ergebnis-Seiten aufgeteilt, durch die man navigieren muss, um alle Ergebnisse zu abzurufen. Die URL wird dann meist durch einen Seitenwert ergänzt, wie nachfolgend zu sehen ist:

## 4.2 Einfaches Web-Scraping von Online-News

```
http://www.spiegel.de/suche/?suchbegriff=Syrien-Konflikt&pageNumber=2
```

Wenn wir zum Beispiel auf *spiegel.de* durch die Suche navigieren, dann fällt auf, dass sich der Query-Parameter `pageNumber` stets um den Wert „1" erhöht, d. h. wir können komfortabel durch die Suchergebnisse iterieren. Das `requests`-Modul erlaubt auch hier eine einfache Einbindung der Query-Parameter. Diese können nämlich als Dictionary übergeben werden. Ein solches Dictionary enthält als Schlüsselwort den entsprechenden Query-Parameter (z. B. „suchbegriff") und die entsprechenden Sucheingabe (hier: „Syrien-Konflikt"). Das Dictionary kann auch mehrere Parameter enthalten, so lässt sich auch der Schlüssel `pageNumber` hinzufügen.

Die unterschiedlichen Query-Parameter werden in den Web-Adressen mit dem „&"-Symbol miteinander verkettet. Hier besteht durchaus Potential zur Automatisierung, denn die Parameter könnten mit der `split()`-Methode extrahiert werden. Eine solche Funktion kann mithilfe sogenannter „regulärer Ausdrücke" (engl. „regular expressions") und dem `re` Modul realisiert werden (vgl. Code-Syntax 4-9).[32]

*Code-Syntax 4-9: Exkurs: Reguläre Ausdrücke*

```python
import re

def query_params_to_dict(pattern, url):
    query = re.search(pattern, url).group().split("&")
    params = {}
    for q in query:
        k, v = q.split("=")
        params[k] = v
    return params


url = "http://www.spiegel.de/suche/?suchbegriff=Syrien-Konflikt&pageNumber=2"
pattern = "(?<=\?).*(?=#)|(?<=\?).*"

params = query_params_to_dict(pattern, url)
# {'suchbegriff': 'Syrien-Konflikt', 'pageNumber': '2'}

r = requests.get("http://www.spiegel.de/suche/", params=params)
r.url == url  # True
```

---

32  Bei regulären Ausdrücken handelt es sich um eine Art „Meta-Sprache", mit der nach bestimmten Zeichentypen bzw. Zeichenfolgen gesucht werden kann. Ich gehe hier nicht weiter darauf ein, möchte jedoch auf die Webseite *https://pythex.org* hinweisen. Dort wurde das re-Modul interaktiv eingebunden und deshalb bietet sich die Seite zum Lernen sowie Testen von regulären Ausdrücken an.

Kommen wir zurück zu unseren Query-Parametern. Wollen wir nun zum Beispiel die ersten zehn Ergebnisseiten abfragen, können wir die eingebaute **range()**-Funktion nutzen, um die Seitenzahlen zu generieren und als Wert für den **pageNumber** Parameter zu verwenden (vgl. Code-Syntax 4-10). Hierbei ist zu beachten, dass die Funktion beim Wert „0" zu zählen beginnt und den Stopp-Wert nicht integriert. Folglich müssen wir mit dem Wert „1" beginnen und „n+1" als obere Grenze angeben. Jeden so generierten Zahlenwert können wir dann in unser Query-Dictionary als Seitenzahl einsetzen und die URL zu einer Liste hinzufügen (Schritt 1). Das eigentliche Ziel unserer Abfrage ist es jedoch nicht, die URL der Ergebnisseiten zu speichern, sondern alle Verlinkungen der Artikel auf diesen Seiten zu extrahieren. Wir wollen, mit anderen Worten, eine Liste generieren, die jede URL enthält, die

---

*Code-Syntax* 4-10: *Web-Links einer Seite mit Suchergebnissen extrahieren*

```
host = "http://www.spiegel.de"
path = "/suche/"
n = 10

# 1.) Seiten mit Suchergebnissen abfragen
result_pages = []
for i in range(1, n+1):
    params = {
        "suchbegriff": "Syrien-Konflikt",
        "pageNumer": i
    }
    response = requests.get(host+path, params=params)
    if response.status_code == 200:
        result_pages.append(response.url)

# 2.) Links zu Artikeln in Suchergebnissen extrahieren
def get_result_page_urls(result_page):
    response = requests.get(result_page, timeout=5)
    soup = BeautifulSoup(response.text, "html.parser")
    results = soup.find_all(class_="search-teaser")
    urls = [result.find("a").get("href") for result in results]
    return urls

result_page_urls = []
for page in result_pages:
    result_page_urls.extend(get_result_page_urls(page))

# 3.) nur relative Links behalten
def filter_urls(result_page_urls, host):
    urls = [host+url for url in result_page_urls if url.startswith("/")]
    return urls

result_page_urls = filter_urls(result_page_urls, host)
```

## 4.2 Einfaches Web-Scraping von Online-News

auf einen thematisch relevanten Artikel verweist, und jeden Inhalt dieser Artikel dann wiederum zur Weiterverarbeitung bzw. für die Auswertung speichern.

Letztlich benötigen noch zwei weitere Funktionen, eine, die *alle Links zu relevanten Artikeln* extrahiert und eine andere, die wiederum den *Inhalt eines jeden Artikels* abfragt. Zunächst schreiben wir die Funktion für die Extraktion der Artikel-Links (Schritt 2). Der Funktion wird ein Parameter übergeben, und zwar eine Ergebnis-Seite der Artikelsuche. Außerdem stellen wir mit dem `timeout` Parameter im GET-Request sicher, dass die Abfrage nicht unendlich lange läuft, sondern nach einer bestimmten Zeit abbricht, sollte die Verbindung nicht zustande kommen (hier nach 5 Sekunden). Die Antwort der Anfrage speichern wir wiederum als Objekt unter dem Namen `response`. Anschließend nutzen wir die `BeautifulSoup`-Klasse, um aus unserer Antwort ein durchsuchbares `soup`-Objekt zu generieren. Innerhalb des Objekts suchen wir dann nach dem HTML-Code, der alle relevanten Links enthält (in unserem Fall in der HTML-Klasse „search-teaser"). Mit der Methode `find_all()` wird eine Liste zurückgegeben, aus der wir letztlich die entsprechenden Links mit einer List-Comprehension extrahieren und ausgeben. Noch ein wichtiger Hinweis: Auch wenn sich die einzelnen Webseiten womöglich in ihren Strukturen gleichen, so unterscheiden sich doch die einzelnen Webseiten in der Bezeichnung der einzelnen Elemente. Wir müssen unseren Code also für jedes Medium anpassen. Die Anpassungen sind jedoch gering, da oftmals eben nur die Bezeichnungen der HTML-Elemente ausgetauscht werden müssen. Im Beispiel haben wir die Suchergebnisse von *Spiegel-Online* abgefragt, wir könnten auch die Ergebnisse bei *ZEIT-Online* abfragen, einfach indem wir „search-teaser" durch „teaser-small" ersetzen. Wie die einzelnen Elemente benannt worden sind, lässt sich mit den *Entwickler-Tools* des Web-Browsers herausfinden, die zum Beispiel in Firefox, Chrome oder Safari bereits integriert sind.

Betrachten wir nun die Ergebnisse, die wir im Objekt `result_page_urls` gespeichert haben, dann stellen wir unterschiedliche Formen von Verlinkungen (URLs) fest: Wir erhalten *absolute* Pfade und *relative* Pfadangaben. Erstere führen direkt zu einer Webseite, letztere in ein Unterverzeichnis auf dem Server und müssen durch den sogenannten „Host"-Namen ergänzt werden, damit sie aufgerufen werden können. Man erkennt relative Pfade daran, dass sie mit einem Schrägstrich („slash") beginnen:

```
# absoluter Link (gekürzt)
"https://www.spiegel.de/plus/ursula-von-der-leyen..."

# relativer Link (gekürzt)
"/politik/ausland/tuerkei-bringt-waffen..."
```

In unserem Beispiel von *Spiegel-Online* kann man erkennen, dass alle absoluten Pfade entweder zum „Plus-Angebot" führen, also kostenpflichtig sind, oder zu externen Inhalten (*Spiegel Plus*, *Spiegel Magazin*, *Manager Magazin* oder *bento*). Wir nutzen daher nur die Ergebnisse der relativen Pfade und schreiben uns hierzu ebenfalls eine kleine Hilfsfunktion, die uns die URL-Objekte entsprechend filtert (Schritt 3).

Diese Arbeitsschritte lassen sich miteinander verbinden, wie abschließend in Code-Syntax 4-11 dargestellt. Dadurch sparen wir uns einerseits Code-Zeilen. Andererseits greifen wir auf die Module `time` und `random` zurück, um eine zufällige Zahl zu generieren, die wir dazu nutzen, jeden Durchgang zu verlängern bzw. stets eine kleine Abfragepause einzulegen. Hierzu wird am Ende jeder Iteration die Funktion `sleep()` des Moduls `time` aufgerufen und jeweils ein zufälliger Wert (in Sekunden) übergeben, den wir mithilfe des Moduls `random` generieren. Das machen wir, damit der Server nicht zu sehr belastet wird. Bei 20 Anfragen ist dies vermutlich nicht notwendig, jedoch dann, wenn sich die Anzahl um ein Vielfaches erhöht und die Abfrage womöglich noch parallelisiert wird. Würden wir den Server zu stark strapazieren, könnten wir gegebenenfalls gesperrt werden. Nach der Abfrage steht uns nun eine Liste mit URLs bereit, die jeweils auf einzelne Artikel verweisen.

*Code-Syntax* 4-11: *Web-Links extrahieren (gekürzt)*

```python
import time
import random

host = "http://www.spiegel.de"
path = "/suche/"
n = 10

article_urls = []
for i in range(1, n+1):
    print(f"Seite {i+1} von {n}")
    params = {
        "suchbegriff": "Syrien-Konflikt",
        "pageNumer": i,
    }

    result_page = requests.get(host+path, params=params)
    result_page_urls = get_result_page_urls(result_page.url)
    result_page_urls = filter_urls(result_page_urls, host)

    article_urls.extend(result_page_urls)

    timer = round(random.random()*2, 2)
    time.sleep(timer)
```

## 4.2.4 Inhalte eines Artikels extrahieren

In diesem Abschnitt werden wir uns eine Funktion schreiben, mit deren Hilfe wir die Inhalte aus einem einzelnen Artikel extrahieren können, denn bisher haben wir lediglich alle Links zu den Artikeln im Objekt `article_urls` gespeichert. Da wir jedoch die Inhalte aller Artikel herunterladen wollen, benötigen wir eine Funktion, die genau dies für uns erledigen soll. Danach können wir diese Funktion auf alle Links mithilfe einer `for`-Schleife anwenden. Bevor wir die Funktion schreiben, müssen wir uns im Klaren darüber sein, welche Inhalte wir aus den einzelnen Artikeln benötigen bzw. speichern wollen. Für unser Beispiel wollen wir das *Ressort*, den *Autor bzw. die Autorin*, die *Überschrift*, die *Einleitung* sowie den *Artikel-Text* abfragen. Die Abfrage kann selbstredend erweitert und je nach Vorhaben ergänzt oder gekürzt werden.

Eine einfache Funktion, mit der sich die Inhalte extrahieren lassen (hier bezogen auf *Spiegel-Online*), ist in Code-Syntax 4-12 dargestellt. Wie in diesem Beispiel zu sehen ist, legen wir ein Dictionary fest, dass die Konfiguration für die spätere Abfrage erhält. Der Vorteil dieser Schreibweise besteht darin, dass man die Funktion auch für andere Webseiten nutzen kann, man muss lediglich die Werte der Konfiguration anpassen. Zur Abfrage der einzelnen Werte nutzen wir die `find()`-Methode unseres `soup`-Objekts und suchen nach bestimmten Attributen, in denen sich die für uns relevanten Inhalte befinden. Wir erinnern uns, der Parameter `attrs` steht hierbei für „Attribute" (engl. attributes) und bezieht sich auf die Attribute (z. B. „class" oder „id"), die ein HTML-Tag besitzen kann. Wir suchen also jeweils die Elemente im Seitenquelltext, die die entsprechenden Attribute besitzen und extrahieren dort wiederum den Text. Der eigentliche Artikel (bzw. der Text) verteilt sich wiederum in mehreren Absätzen (`<p>`-Tags), sodass wir nicht einfach mit der `find()` Methode, sondern mit `find_all()` nach dem Inhalt suchen müssen. Damit wir auch nur die Absätze des Artikels extrahieren und nicht noch weitere, die außerhalb des Artikels vorhanden sind, grenzen wir zunächst den Suchraum ein und speichern das Ergebnis in das `article` Objekt. Innerhalb des Objektes suchen wir dann nach allen Absatz-Elementen und lassen uns von diesen Elementen jeweils nur den Text ausgeben. Mit der `join()`-Methode wandeln wir die so generierte Liste anschließend in eine Zeichenkette um. Zum Schluss lassen wir uns die gefundenen Inhalte als Tuple ausgeben. Diesem fügen wir auch die URL hinzu, was hat den Vorteil, später noch nachvollziehen zu können, woher die Inhalte stammen. Die so generierte Liste können wir wiederum als `DataFrame` speichern.

*Code-Syntax* 4-12: *Funktion zum Extrahieren von Artikel-Inhalten*

```python
def extract_content(url, conf):

    url_elements = url.split("/")
    media = url_elements[2]
    ressort = url_elements[3]
    NA = "NaN"

    r = requests.get(url)
    soup = BeautifulSoup(r.text, "html.parser")

    author = soup.find(attrs=conf["author"])
    try:
        author = author.text
    except AttributeError:
        author = NA

    headline = soup.find(attrs=conf["headline"])
    if headline:
        headline = " ".join(headline.text.split())
    else:
        headline = NA

    intro = soup.find(attrs=conf["intro"])
    if intro:
        intro = " ".join(intro.text.split())
    else:
        intro = NA

    article = soup.find(attrs=conf["article"])
    if article:
        article = " ".join([p.text.strip() for p in article.find_all("p")])
    else:
        article = NA

    return (media, ressort, author, headline, intro, article, url)

# Elemente und HTML-Tags konfigurieren
spon_conf = {
    "author": {"rel": "author"},
    "headline": {"class": "article-title lp-article-title"},
    "intro": {"class": "article-intro"},
    "article": {"class": "article-section clearfix"},
}
results = [extract_content(url, spon_conf) for url in article_urls]

# Pandas DataFrame mit den Ergebnissen erstellen
cols = "media ressort author headline intro text url".split()
df = pd.DataFrame(results, columns=cols)
```

Wie man ebenfalls im Beispiel sieht, speichern viele Online-Medien das Ressort des Artikels direkt in der URL. Da es sich hierbei um eine Zeichenkette handelt, können wir diese einfach mit der `split()`-Methode zerlegen und den entsprechenden Index auswählen, an dem sich das Ressort befindet. Allein mit der URL lassen sich also *formale* Kategorien extrahieren. Wir könnten nun zum Beispiel einen Vergleich durchführen: In welchem Ressort wurden die meisten Artikel verfasst? Unterscheidet sich dies innerhalb der Medien? Erscheinen in der *BILD*-Zeitung mehr Artikel im Ressort „Sport" und in der *FAZ* mehr Artikel im Bereich „Politik"? All dies lässt sich allein schon anhand der URL ermitteln. Auch hier gilt: Die Formatierung der URL ist beliebig und jeder Anbieter hat seine eigene Reihenfolge, diese bleibt jedoch dann sehr wahrscheinlich konstant. Wir können unsere Funktion nun auf alle Artikel anwenden und daraus einen Datensatz generieren. Die Ergebnisse lassen sich jedoch auch exportieren, zum Beispiel als CSV-Datei, und anderweitig verwenden.

Abschließend noch eine Anmerkung zur Aufteilung der Artikel auf den Nachrichten-Webseiten: Besonders lange Beiträge werden heute öfter auf mehrere Seiten aufgeteilt (damit lassen sich mehr Werbeeinblendungen realisieren). Dies ist für unsere Zwecke natürlich hinderlich, weil wir den Artikel vollständig herunterladen wollen. Oftmals wird jedoch die Möglichkeit angeboten, den Artikel auch auf einer Seite zu lesen, etwa durch den Hinweis bzw. Link „Auf einer Seite lesen" oder „kompletter Artikel". Hier bietet es sich an, zu analysieren, inwiefern sich die URL des Artikels ändert, denn meist wird dem Link nur ein Parameter hinzugefügt und der bleibt wiederum für jeden Beitrag gleich. Oftmals hilft es auch, die Druckansicht eines Artikels zu öffnen. Das hat zudem den Vorteil, dass meist nur die Artikel-Elemente angezeigt werden. Der Quellcode wird also vereinfacht und auch die relevanten Inhalte lassen sich einfacher extrahieren.

### 4.2.5 Abfragen beschleunigen mithilfe von Sitemaps

Manchmal lässt sich die Abfrage der Artikel-URLs auch beschleunigen und vereinfachen, indem man überprüft, ob die Nachrichten-Webseiten ihre Artikel in sogenannte „Sitemaps" hinterlegen. Sitemaps sind, so wie es der Name schon vermuten lässt, „Landkarten" der Webseite, auf der mehr oder weniger alle Verlinkungen verzeichnet sind. Die Sitemaps sind besonders für Suchmaschinen hilfreich, da die Aufnahme der Seite in das Suchverzeichnis vereinfacht wird. Zudem wird die Server-Auslastung stark reduziert, da nur noch eine Adresse bzw. eine Datei eingelesen werden muss, um alle Links in die Datenbank der Suche zu hinterlegen. Beides gilt nun auch für unsere Abfragen. Die Adresse einer Sitemap-Datei lautet oftmals wie folgt:

```
https://www.example.com/sitemap.xml
```

Bei Sitemaps handelt es um eine `xml`-Datei, wie man an der Datei-Endung nachvollziehen kann. Die Abkürzung „XML" steht für **Extensible Markup Language** und beinhaltet Daten in strukturierter Form (auch `JSON`-Dateien sind strukturiert, sind jedoch anders formatiert). In XML-Dateien existiert grundsätzlich ein Verzeichnisbaum, der weitere Verzweigungen bzw. Elemente enthält, die wiederum weitere Elemente enthalten können. Da die Einträge einem Muster folgen, lässt sich die Abfrage leicht automatisieren, d.h. wir können in einfacher Form die Links, etwa zu Artikeln, extrahieren.

In Code-Syntax 4-13 ist dargestellt, wie eine XML-Abfrage in Python geschrieben werden kann. Hierfür verwenden wir das eingebaute Modul `xml` bzw. genauer die Klasse `ElementTree` aus dem Unterverzeichnis `etree`. Um zunächst den Ablauf bzw. die Syntax kennenzulernen, nutzen wir eine mehrzeilige Zeichenkette, mit vereinfachter XML-Formatierung. Danach folgen unterschiedliche Befehle: Zunächst wird eine Instanz der Klasse `ElementTree` erstellt (hier abgekürzt durch „ET"), der wir mithilfe der Methode `fromstring` unsere Zeichenkette übergeben. Die Instanz speichern wir wiederum im Objekt `root`. Diese Wurzel des Datenbaumes hat verschiedene Attribute und Methoden (wie die weiteren Elemente auch), unter anderem das Attribut `tag`, das den Namen des Elements wiedergibt. Wie wir im Beispiel sehen, stimmt der Name mit dem Stammverzeichnis innerhalb der XML-Datei überein.

Für die Abfrage bzw. Suche der Inhalte sind wiederum die Methoden `find()` sowie `findall()` interessant und funktionieren ähnlich wie bei **BeautifulSoup**-Objekten. Die `find()`-Methode findet dabei erneut das erste Element, das der Suchanfrage entspricht; mit `findall()` werden wiederum alle Elemente ausgegeben. Mit anderen Worten, die Methode `findall()` gibt eine Liste von Elementen aus, über die wir dann mit einer `for`-Schleife iterieren können, um die relevanten Informationen abzufragen. Haben die XML-Tags wiederum Attribute, können diese mit der `get()`-Methode extrahiert werden, wobei die Anwendung wie bei einem Dictionary funktioniert. Die Attribute werden zudem unter `element.attrib` gespeichert, wie ebenfalls im Beispiel dargestellt ist. Es ist zudem möglich, eine lokale XML-Datei einzulesen. Der dazu nötige Befehl lautet ein wenig anders, und zwar:

```
root = ET.parse("sitemap.xml").getroot()
```

## 4.2 Einfaches Web-Scraping von Online-News

*Code-Syntax 4-13: XML-Dateien in Python verarbeiten*
```python
import xml.etree.ElementTree as ET

xml_data = """
<?xml version="1.0" encoding="UTF-8" standalone="yes"?>
<verzeichnis>
    <titel>Städtevergleich: Tübingen und Hamburg</titel>
    <eintrag stadt="Tübingen">
        <einwohner>89.000</einwohner>
        <beschreibung>Tübingen ist eine Stadt in ...</beschreibung>
    </eintrag>
    <eintrag stadt="Hamburg">
        <einwohner>1.800.000</einwohner>
        <beschreibung>Hamburg liegt im Norden ...</beschreibung>
    </eintrag>
</verzeichnis>
""".strip()   # strip() entfernt die Zeilenumbrüche am Anfang und am Ende

root = ET.fromstring(xml_data)
print(root.tag)  # verzeichnis

titel = root.find("titel")
print(titel.text)  # Städtevergleich: Tübingen und Hamburg

for eintrag in root.findall("eintrag"):
    name = eintrag.get("stadt")
    n = eintrag.find("einwohner").text
    print(f"Die Stadt {stadt} hat {n} Einwohner.")

#out: Die Stadt Tübingen hat 89.000 Einwohner.
#out: Die Stadt Hamburg hat 1.800.000 Einwohner.

eintrag = root.find("eintrag")
print(eintrag.attrib)
# out: {'stadt': 'Tübingen'}
```

Für Forschungsprojekte ist es nun vor allem interessant, dass die XML-Dateien nicht nur lokal eingelesen werden können, sondern auch direkt von einem Web-Server bzw. von einer URL. In Code-Syntax 4-14 ist dies exemplarisch aufgezeigt. Damit besser nachvollzogen werden kann, wie die Sitemap aufgebaut ist, habe ich den Anfang des Datei-Inhalts einmal als Kommentar hinzugefügt. Auch hier lässt sich erkennen, dass jedes **sitemap** Element ein **loc** Element einschließt (man spricht auch von „parent" und „children") und dieser Umstand wiederholt sich für alle weiteren Sitemaps – und weil dem so ist, können wir alle URLs mit einem Loop extrahieren. Dabei habe ich die Bezeichnung für die Objekte innerhalb der Schleife entsprechend der Elemente im XML-Dokument gewählt. Die Objekte könnten auch anders benannt werden, es sorgt jedoch für eine bessere Übersichtlichkeit, wenn die Namen korrespondieren. Letztlich könnten wir nun jede Sitemap einlesen und dort alle Artikel-URLs extrahieren und diese Web-Adressen wiederum nutzen, um die Inhalte abzufragen.

*Code-Syntax 4-14: Sitemaps von einem Webserver einlesen*
```
import requests
import xml.etree.ElementTree as ET

url = "http://www.spiegel.de/sitemap.xml"
r = requests.get(url)

root = ET.fromstring(r.text)
# <sitemapindex xmlns="http://www.sitemaps.org/schemas/sitemap/0.9">
#   <sitemap>
#     <loc>
#         http://www.spiegel.de/sitemaps/article/sitemap-1999-3_1.xml
#     </loc>
#   </sitemap>
#   <sitemap>
#     <loc>
# ...

sitemaps = [sitemaps.append(loc.text)
            for sitemap in root
            for loc in sitemap]

print(sitemaps[0:3])
# http://www.spiegel.de/sitemaps/article/sitemap-1999-3_1.xml
# http://www.spiegel.de/sitemaps/article/sitemap-1999-3_2.xml
# http://www.spiegel.de/sitemaps/article/sitemap-1999-3_3.xml
```

Obwohl die meisten Webseiten einfache Sitemaps besitzen, ist es gerade bei großen Content-Anbietern, wie etwa Nachrichten-Medien, der Fall, dass die Sitemaps in komprimierter Form auf dem Webserver abgelegt werden. Das spart Platz bei den Anbietern, bedeutet für uns jedoch einen Mehraufwand, der sich aber in Grenzen hält. Auch die komprimierten XML-Dateien können wir einlesen. Anders als bei einfachen XML-Dateien, müssen die komprimierten Dateien entpackt werden. Meist finden wir die komprimierten Sitemaps als `gzip`-Archiv vor („GNU Zip", Open Source), was man an der Endung `*.gz` erkennen kann.

## 4.2 Einfaches Web-Scraping von Online-News

*Code-Syntax 4-15: Komprimierte XML-Dateien einlesen*
```python
import xml.etree.ElementTree as ET
import requests
import gzip
import io

url = ("https://www.welt.de/sitemaps/"
       "sitemap/2018/11/sitemap.xml.gz")

response = requests.get(url)
gz_file = io.BytesIO(response.content)

with gzip.GzipFile(fileobj=gz_file) as fobj:
    data = fobj.read().decode("utf-8")

root = ET.fromstring(data)
urls = [loc.text for url in root for loc in url]

print(len(urls))
#out: 59917
```

Auch hierfür existiert ein Python-Modul, das wir zum Entpacken einsetzen. Neben dem Modul `gzip`, das standardmäßig vorhanden ist, benötigen wir zudem das Modul `io`, das ebenfalls nicht zusätzlich installiert werden muss. Dieses Modul ist nützlich, wenn man Daten einlesen („in") und weiterverarbeiten bzw. ausgeben will („out"). In Code-Syntax 4-15 ist der Ablauf demonstriert. Der Ablauf unterscheidet sich nicht sonderlich vom bisherigen Vorgehen. Das Besondere ist jedoch, dass wir nicht das `response.text` Attribut aufrufen, sondern `response.content`. Da es sich bei einer *.gz-Datei nicht um reinen Text handelt, müssen wir die „reinen" Daten einlesen, sozusagen die Einsen und Nullen, die dann von der `GzipFile`-Klasse des `gzip`-Moduls verarbeitet werden können. Mit anderen Worten, wir müssen beim Einlesen auf einen Sonderfall reagieren und den Byte-Code verwenden und das machen wir, indem wir auf das `io`-Modul zurückgreifen. Wichtig ist zudem, die Eingabe zu decodieren, also aus den Zahlen wiederum lesbaren Text zu generieren (hier: „utf-8", also *Unicode*). Anschließend lässt sich dann alles wie bisher verarbeiten.

# Statistische Berechnungen mit Python 5

### Zusammenfassung

In diesem Kapitel schreiben wir unterschiedliche Funktionen zur statistischen Berechnung. Darunter befinden sich einfache Lagemaßzahlen, wie der Mittelwert, aber auch komplexe Berechnungen, wie der Korrelationskoeffizient nach Karl Pearson. Zudem schreiben wir eine Funktion zur Standardisierung von Daten und zur Berechnung der Stichprobengröße. Alle Funktionen können dabei unabhängig voneinander genutzt werden. Außerdem werden zum besseren Verständnis auch Anwendungsbeispiele präsentiert.

### Schlagwörter

Statistik, Korrelation, Rangkorrelation, Varianz, Standardabweichung, Pearson, Spearman, Kovarianz, Stichprobengröße, quantitative Sozialforschung

In diesem Kapitel werden wir einige Berechnungen in Python umsetzen, die typischerweise in der sozialwissenschaftlichen Forschung zur Anwendung kommen. Dies reicht von der Kalkulation einfacher Lagemaßzahlen (Mittelwert, Modus, Median) bis hin zur Berechnung des Korrelationskoeffizienten nach Pearson sowie der etwas komplexeren Berechnung der Stichprobengröße. Wie bereits im Kapitel zur Pandas-Bibliothek gezeigt wurde (vgl. Kapitel 3), stehen dort einige der nachfolgenden Funktionen zur Verfügung. So lassen sich die Lagemaßzahlen bei einem `DataFrame`-Objekt mit der dazugehörigen Methode sehr komfortabel aufrufen. Mit anderen Worten, viele der nachfolgenden Funktionen wurden bereits anderswo implementiert. Gleichsam dient dieser Abschnitt einerseits dem besseren Verständnis der Funktionsweise und kann als Programmierübung betrachtet werden, andererseits können die Funktionen auch ohne das Pandas-Paket angewendet werden. Zudem können die nachfolgenden Funktionen prinzipiell auch gekürzt werden, da sie teilweise aufeinander aufbauen. Sie werden hier jedoch so definiert, dass sie auch ohne die anderen Funktionen auskommen. Hierdurch wiederholt sich zwar der Programmcode, dieser kann so jedoch unabhängig eingesetzt werden.

## 5.1 Lagemaßzahlen: Arithmetisches Mittel, Median, Modus

Zunächst wollen wir den Mittelwert, den Median und den Modus mithilfe von Python umsetzen (vgl. Code-Syntax 5-1). Das wohl bekannteste Lagemaß stellt das *arithmetische Mittel* dar, das sehr häufig auch einfach „Mittelwert" genannt wird. Der Mittelwert wird berechnet, indem man die Summe der Merkmalsausprägungen bildet und diese dann wiederum durch die Anzahl der Merkmale teilt. Neben dem arithmetischen Mittel existieren auch noch andere Mittelwerte, wie etwa das *harmonische* sowie das *geometrische* Mittel. Das arithmetische Mittel wird oftmals für seinen Informationsverlust kritisiert, nämlich dann, wenn sogenannte „Ausreißer" vorhanden sind. Nehmen wir an, dass sechs Mitarbeitende eines Unternehmens folgende Gehaltsverteilung aufweisen: [`1000, 1500, 1500, 2000, 3000, 20000`]. Im Durchschnitt verdient jeder ca. 4834€ pro Monat, aber dies bildet keinesfalls die tatsächliche Verteilung innerhalb des Unternehmens ab. Der *Median* schafft Abhilfe bei Daten, die Ausreißer enthalten (bzw. sehr stark streuen), denn dieses Lagemaß teilt die Verteilung sozusagen in zwei gleichmäßige Gruppen auf. Dieses Lagemaß gibt den mittleren Wert von geordneten Daten an, bei der 50% der Daten kleiner oder gleich bzw. größer oder gleich des Median-Wertes sind. Der Median ist, anders als das arithmetische Mittel, *robust* gegenüber Ausreißern und sollte daher stets mitbedacht bzw. angegeben werden. In unserem obigen Beispiel betrüge der Median des Gehaltes 1750€ pro Monat. Ferner gibt der *Modus* wiederum den Wert an, der innerhalb eines Merkmals am häufigsten vorkommt. Synonym zu Modus wird auch vom „Modalwert" gesprochen. Der Modus aus dem Array [1, 2, 2, 2, 3, 1, 4] wäre zum Beispiel „2", da dieser Wert am häufigsten angegeben wurde. Manchmal existieren mehrere Modalwerte, immer dann, wenn unterschiedliche Werte gleich häufig und zudem am häufigsten sind. Für die Funktion zur Bestimmung des Modalwertes greifen wir in der Beispiel-Syntax auf das `Counter`-Objekt des Moduls `collections` zurück, da es uns die Bestimmung der Häufigkeitsverteilung der Werte vereinfacht.

## 5.1 Lagemaßzahlen: Arithmetisches Mittel, Median, Modus

Die drei Maße können zudem dazu genutzt werden, um die Schiefe (‚skewness') der Datenverteilung zu beurteilen. Die „Schiefe" gibt an, wie stark sich die Verteilung der Daten zur Seite „neigt". Aus statistischer Sicht ist eine symmetrische Verteilung bzw. Normalverteilung der Daten gewünscht, da eine Normalverteilung oft (eine) Voraussetzung für die weitere Berechnung ist, etwa bei der Regression. Weicht die Datenverteilung von der Normalverteilung ab, ergibt sich entweder eine Verteilung, die nach rechts geneigt ist, dann spricht man „rechtssteil", „linksschief" oder „negativer Schiefe"; ist die Verteilung nach links geneigt, wird dies als „linkssteil", „rechtsschief", oder „positiver Schiefe" bezeichnet. Die Verteilung ist wiederum „symmetrisch", wenn Mittelwert, Median und Modus übereinstimmen.

*Code-Syntax 5-1: Mittelwert, Median und Modus berechnen*

```python
from collections import Counter

def mittelwert(array):
    n = len(array)
    return sum(array) / n

def median(array):
    array = sorted(array)
    n = len(array)
    index = int(n / 2)
    if n % 2 == 0:
        lower = array[index - 1]
        upper = array[index]
        median = 0.5 * (lower + upper)
    else:
        median = array[index]
    return median

def modus(array):
    counts = Counter(array)
    most_common = counts.most_common(2)
    modus = most_common[0][1]
    if modus == most_common[1][1]:
        return None
    return array[modus]


gehalt = [1000, 1500, 1500, 20000, 3000, 2000]

mittelwert(gehalt)    #out: 4833.34
median(gehalt)        #out: 1750.0
modus(gehalt)         #out: 1500
```

## 5.2 Varianz und Standardabweichung berechnen

Die (empirische) *Varianz* ist ein Streuungsmaß, das die mittlere quadratische Abweichung einer oder mehrerer Zufallszahlen von deren Erwartungswert angibt. Für jede Beobachtung wird also zunächst die Abweichung vom Mittelwert berechnet und quadriert, wobei diese Abweichungen dann wiederum summiert und anschließend durch die Anzahl der Beobachtungen geteilt werden. Da es sich hier um die „empirische Varianz" handelt, subtrahieren wir von jener Anzahl noch den Wert „1". Da die Varianz die mittlere *quadrierte* Abweichung darstellt, lässt sich sich dieser Wert auf den ersten Blick nur schwer interpretieren. Aus diesem Grund wird häufiger auf die Standardabweichung zurückgegriffen. Die (empirische) *Standardabweichung* wird mithilfe der Quadratwurzel aus der Varianz berechnet. Da die Quadrierung aufgehoben wird, besitzt die Standardabweichung dieselbe Einheit wie die Original-Daten und kann dadurch besser interpretiert werden. Die Funktion unterscheidet sich also nur in der der Berechnung der Quadratwurzel (vgl. Code-Syntax 5-2).

*Code-Syntax 5-2: Varianz und Standardabweichung berechnen*
```python
import math

def varianz(array):
    n = len(array)
    mn = sum(array) / n
    var = (1 / (n-1)) * sum(map(lambda xi: (xi-mn) ** 2 , array))
    return var

def standard_abweichung(array):
    n = len(array)
    mn = sum(array) / n
    var = (1 / (n-1)) * sum(map(lambda xi: (xi-mn) ** 2 , array))
    std = math.sqrt(var)
    return std

gehalt = [1000, 1500, 1500, 20000, 3000, 2000]

varianz(gehalt)                    #out: 55666666.67
standard_abweichung(gehalt)        #out: 7461.01
```

Die Standardabweichung wird genutzt, um die Variabilität einer Messreihe zu untersuchen. Eine hohe Standardabweichung lässt also darauf schließen, dass die Werte einer starken Streuung unterliegen, dass der Mittelwert nur bedingt aussagekräftig ist. Dass die Standardabweichung dabei ihre Maßeinheit behält, wird zum Nachteil, wenn die Standardabweichungen zweier Messreihen miteinander verglichen werden sollen. Hierzu wird der *Variationskoeffizient* genutzt.

## 5.3 Variationskoeffizient und Kovarianz berechnen

Der *Variationskoeffizient* kann bei Werten berechnet werden, die einen natürlichen Nullpunkt besitzen bzw. verhältnisskaliert sind (z. B. Alter, Gewicht oder Preis), indem man deren Standardabweichung durch deren Mittelwert teilt. Enthalten die Daten wiederum Werte die gleich „0" sind, dann wird der Koeffizient oftmals normiert, wobei der Wertebereich des normierten Koeffizienten dann zwischen 0 und 1 liegt. In Code-Syntax 5-3 ist die Umsetzung aufgezeigt.

*Code-Syntax 5-3: Berechnung des Variationskoeffizienten*
```
import math

def var_koeff(array):
    n = len(array)
    mn = sum(array) / n
    var = (1 / (n-1)) * sum(map(lambda x: (x - mn) ** 2 , array))
    std = math.sqrt(var)
    cv = std / mn
    # Wenn das array auch 0-Werte enthält,
    # dann wird der Koeffizient "normiert".
    if 0 in array:
        cv = cv / math.sqrt((n-1))
    return cv
```

Um besser zu verstehen, warum man den Variationskoeffizienten benötigt, ist in Code-Syntax 5-4 ein Beispiel für die Berechnung dargestellt. Stellen wir uns einmal vor, wir wären zu Besuch in den USA und gingen dort in ein Restaurant, das als Zahlungsmittel sowohl EURO als auch US-Dollar akzeptiert. Das ist sehr praktisch, doch wir wollen vorher die Preise vergleichen – vielleicht weichen die Kosten für eine Pizza aufgrund der unterschiedlichen Währungsangaben voneinander ab. Mit anderen Worten, uns stellt sich die Frage, ob wir unsere Pizza in EURO bezahlen können, oder ob sich ein Umtausch lohnt.

*Code-Syntax 5-4: Beispiel zur Berechnung des Variationskoeffizienten*
```
# Beispiel: Pizza-Preise in Euro und US-Dollar
pizza_de = [4.99, 7.99, 5.99, 4.99, 6.99]
pizza_us = [5.74, 9.19, 6.89, 5.74, 8.04]

mn_de, mn_us = mittelwert(pizza_de), mittelwert(pizza_us)
round(mn_de, 2)   #out: 6.19
round(mn_us, 2)   #out: 7.12

std_de, std_us = std_abweichung(pizza_de), std_abweichung(pizza_us)
round(std_de, 2)  #out: 1.35
round(std_us, 2)  #out: 1.50

cv_de, cv_us = var_koeff(pizza_de), var_koeff(pizza_us)
round(cv_de, 2)   #out: 0.21
round(cv_us, 2)   #out: 0.21
```

Zunächst ziehen wir eine Stichprobe der Preise. Anschließend berechnen wir die Mittelwerte sowie die Werte der Standardabweichung und sehen, dass sich diese voneinander unterscheiden. Das liegt, wie beschrieben, an den unterschiedlichen Einheiten (EUR vs. US-$). Doch heißt das auch, dass wir mehr bezahlen müssen, wenn wir in US-Dollar zahlen? Mithilfe des Variationskoeffizienten können wir die Frage nun beantworten. Hierbei zeigt sich, dass die Streuung der Preise gleich stark ist. Wir können also für unsere Stichprobe sagen, dass es preislich keinen Unterschied macht, ob wir die Pizza in EURO oder in US-Dollar bezahlen.

Die *Kovarianz* stellt wiederum ein nichtstandardisiertes Zusammenhangsmaß zwischen zwei Merkmalen dar (vgl. Code-Syntax 5-5). Sie wird berechnet, indem man das Summenprodukt der Mittelwert-Abweichungen der jeweils korrespondierenden Werte eines Arrays bildet, und diese Summe durch die Anzahl der Werte teilt (bzw. durch n-1 bei der empirischen Kovarianz). Nehmen wir an, wir wollen wissen, ob ein Zusammenhang zwischen der Größe einer Wohnung und deren Preis existiert. Dabei ergibt sich eine positive Kovarianz, wenn die Werte beider Arrays einen ähnlichen „Verlauf" nehmen (hohe bzw. niedrige x-Werte korrespondieren mit hohen bzw. niedrigen y-Werten). Ist die Kovarianz negativ, dann besteht ein negativer Zusammenhang und die Werte sind gegenläufig. Kein Zusammenhang besteht, wenn die Kovarianz den Wert „0" annimmt.

## 5.4 Korrelationskoeffizient nach Pearson

*Code-Syntax 5-5: Berechnung der Kovarianz*

```
def kovarianz(x, y):
    n = len(x)
    x_mn = sum(x) / n
    y_mn = sum(y) / n
    xy_var = sum(map(lambda xi, yi: (xi-x_mn) * (yi-y_mn), x, y))
    cov = (1 / (n-1)) * xy_var
    return cov

size = [20, 30, 40, 50, 60]
price = [300, 400, 600, 700, 1000]
print(kovarianz(size, price))    #out: 4250.0

arr1 = [0, 0, 0, 0]
arr2 = [1, 1, 1, 1]
print(kovarianz(arr1, arr2))    #out: 0
```

Bei der Interpretation der Kovarianz gilt zu beachten, dass sie nur die Richtung des Zusammenhangs angibt, jedoch keinesfalls die Stärke. Die Ergebnisse „1.45" und „450.32" weisen beide auf einen positiven Zusammenhang hin, letzterer ist jedoch nicht als „stärker" zu beurteilen. Damit die Werte (bzw. Daten) in ihrer Stärke verglichen werden können, müssen sie normiert werden und dies geschieht bei dem Korrelationskoeffizienten, den wir im nachfolgenden Abschnitt 5.4 betrachten.

## 5.4 Korrelationskoeffizient nach Pearson (Produkt-Moment-Korrelation)

Möchte man den linearen Zusammenhang zweier Merkmale bestimmen, nutzt man hierzu meist den *Korrelationskoeffizienten*. Dieser wurde vor allem durch Karl Pearson bekannt und wird auch „Produkt-Moment-Korrelation" genannt. Es handelt sich hierbei um ein dimensionsloses Zusammenhangsmaß, das mit dem Symbol r abgekürzt wird und Werte zwischen [-1, 1] annehmen kann. Besteht ein positiver linearer Zusammenhang, dann nähert sich der Koeffizient dem Wert „1" an und beide Merkmale tendieren sozusagen in dieselbe Richtung. Bei einem negativen linearen Zusammenhang, also der Annäherung an den Wert „-1", haben die Merkmale eine gegensätzliche Tendenz. Kein Zusammenhang besteht dann, wenn der Koeffizient den Wert „0" annimmt (bzw. sehr nah bei „0" liegt). An dem Koeffizienten lassen sich also die Richtung des Zusammenhangs *und* die Stärke ablesen.

Berechnet wird der Korrelationskoeffizient, indem man die Kovarianz beider zu vergleichenden Merkmale berechnet und diese wiederum durch das Produkt der Standardabweichungen beider Merkmale teilt (vgl. Code-Syntax 5-6). Die Variablen müssen hierbei jedoch mindestens *intervallskaliert* (bzw. metrisch) sein.[33] Da es sich um ein Maß für einen *linearen* Zusammenhang handelt, müssen beide Merkmale zudem – so tautologisch dies zunächst klingen mag – auch einem linearen Zusammenhang folgen. Ist der Zusammenhang etwa exponentiell, so ist diese Linearitätsbedingung nicht erfüllt und das Ergebnis für den Zusammenhang relativ gering (obwohl beide Werte zum Beispiel in dieselbe Richtung weisen).

*Code-Syntax 5-6: Korrelationskoeffizient nach Pearson*

```python
import math

def correlation(x, y):
    n = len(x)

    # Mittelwerte berechnen
    x_mn = sum(x) / n
    y_mn = sum(y) / n

    # Varianzen berechnen
    var_x = (1 / (n-1)) * sum(map(lambda xi: (xi - x_mn) ** 2 , x))
    var_y = (1 / (n-1)) * sum(map(lambda yi: (yi - y_mn) ** 2 , y))

    # Standardabweichungen berechenen
    std_x, std_y = math.sqrt(var_x), math.sqrt(var_y)

    # Kovarianz berechnen
    xy_var = map(lambda xi, yi: (xi - x_mn) * (yi - y_mn), x, y)
    cov = (1 / (n-1)) * sum(xy_var)

    # Korrelationskoeffizient nach Pearson
    r = cov / (std_x * std_y)
    return float(f"{r:.3f}")

# Wohnungsgröße in Quadratmetern, Mietkosten
sqrm = [20, 30, 40, 50, 60]
cost = [300, 400, 600, 700, 1000]

print(correlation(sqrm, cost))   #out: 0.981
```

---

[33] Die Pearson-Korrelation wird oftmals auch bei *dichotomen* bzw. *binären* Daten verwendet, wobei hierbei streng genommen eine *logistische Regression* erforderlich wäre.

## 5.5 Rangkorrelation nach Spearman

Auch wenn Korrelationskoeffizient nach Pearson ein sehr häufig verwendetes Zusammenhangsmaß ist, so besitzt es den Nachteil, gegenüber Ausreißern empfindlich zu sein. Die Rangkorrelation nach Charles Spearman, die wir nun kennenlernen und in Python umsetzen, hat diesen Nachteil nicht. Auch Spearmans *Rangkorrelationskoeffizient* ist ein Maß zur Berechnung eines bivariaten Zusammenhangs. Anders als die Pearson-Korrelation lassen sich dabei jedoch bereits ordinalskallierte Daten nutzen, da hier die Ränge der Werte gebildet und eingesetzt werden (und nicht die Werte selbst). Dadurch ist dieser Korrelationskoeffizient gleichsam robust gegenüber Ausreißern. Bei der Rangvergabe werden die ursprünglichen Daten zunächst *aufsteigend* sortiert und anschließend die entsprechenden Ränge verteilt. Das Array [1, 9, 4] entspricht zum Beispiel der Rangfolge [1, 3, 2]. Sollten Werte doppelt vorkommen, wird ein Rang also mehrfach vergeben, dann wird der Mittelwert der Ränge gebildet. Besetzen etwa drei Werte die Ränge [3, 4, 5], dann addiert man die Ränge und teilt deren Summe dann durch die Anzahl der zu summierenden Ränge (hier: 12/3), wodurch man in diesem Fall für alle drei Werte den Rangwert „4" vergeben würde. Zur Berechnung des Rangkorrelationskoeffizienten wird letztlich dieselbe Formel wie für die Pearson-Korrelation genutzt (Kovarianz geteilt durch das Produkt der Standardabweichungen), wobei man jedoch die korrespondierenden Rangwerte der Daten zur Berechnung einsetzt. In Code-Syntax 5-7 ist dargestellt, wie in Python ein Algorithmus zur Rangvergabe formuliert werden kann.

Für den Algorithmus zur Rangvergabe importieren wir die Klasse `Counter` aus dem `collections` Modul, das in Python standardmäßig vorhanden ist. Zuerst fragen wir die Häufigkeit eines jeden Wertes im Array ab. Die `Counter`-Klasse gibt ein Dictionary zurück und besteht wiederum aus den Array-Werten (Keys) und den korrespondierenden Häufigkeiten (Values). Für das Ranking benötigen wir ein sortiertes Array, das jede Zahl nur einmal enthält – hierdurch beschleunigen wir die spätere Abfrage, denn jeder Rang wird nur einmal vergeben (bzw. gemittelt, wenn der Wert öfter vorkommt). Daher erstellen wir zunächst ein Set, das wir daran anschließend sortieren. Die Rangwerte speichern wir im Dictionary-Objekt `rankings`, dem wir dann die entsprechenden Werte mithilfe einer `for`-Schleife hinzufügen. Wir gehen also jeden einzelnen Wert in unserem sortierten Array durch. Taucht der Wert nur einmal auf, dann erhält der Wert den aktuellen Rangwert – und diesen fügen wir wiederum dem `rankings` Dictionary hinzu. Sollte ein Wert mehrfach vorhanden sein, wird der Rangwert, wie oben beschrieben, gemittelt. Unser Rang-Zähler wird dann nicht um „1" erhöht, sondern um den

*Code-Syntax 5-7: Rangwerte eines Arrays berechnen*
```python
from collections import Counter

def ranking(array):

    counts = Counter(array)
    array_sorted = sorted(set(array))

    rank = 1
    rankings = {}
    for num in array_sorted:
        count = counts.get(num)
        if count == 1:
            rankings[num] = rank
            rank += 1
        else:
            rankings[num] = sum(range(rank, rank+count)) / count
            rank += count

    return [float(rankings.get(num)) for num in array]

# Beispiel für eine Rangkorrelation
eng = [12, 12, 3, 6, 10, 4, 15, 8]
deu = [14, 14, 5, 4, 11, 8, 10, 3]

eng_rank = ranking(eng)   # [6.5, 6.5, 1.0, 3.0, 5.0, 2.0, 8.0, 4.0]
deu_rank = ranking(deu)   # [7.5, 7.5, 3.0, 2.0, 6.0, 4.0, 5.0, 1.0]

correlation(eng_rank, deu_rank)    #out: 0.639
```

Häufigkeitswert des aktuellen Wertes im Array. Anschließend wird eine Liste erstellt, indem wir das Ursprungs-Array mit dem `rankings`-Mapping abgleichen.

Um das Prinzip zu verdeutlichen, ist im Code-Beispiel auch ein Beispiel für eine Rangkorrelation dargestellt. Hierbei wollen wir testen, ob ein Zusammenhang existiert zwischen der Englisch-Punktzahl und der Deutsch-Punktzahl eines Schülers in der Sekundarstufe II eines Gymnasiums. Wir ziehen hierzu eine Stichprobe von 8 Schülern und erhalten eine Liste mit Werten, wobei jeder i-te Wert ein Notenpaar eines Schülers bzw. einer Schülerin darstellt (z. B. `x1, y1 = [12, 14]`). Nun verteilen wir die Ränge mit unserer `ranking()`-Funktion und nutzen abschließend wiederum die Funktion zur Berechnung der Pearson-Korrelation, die wir weiter oben erstellt haben (vgl. Code-Syntax 5-6). In unserem Beispiel stellen wir fest, dass ein mittlerer Zusammenhang zwischen der Deutsch- sowie der Englisch-Note existiert. Jemand, der also in Englisch bessere Noten schreibt, schreibt mit hoher Wahrscheinlichkeit auch bessere Noten im Fach Deutsch.

## 5.6 Daten transformieren: z-Transformation

Wenn Werte auf unterschiedlichen Skalen gemessen wurden, können wir diese auch mithilfe der sogenannten z-Transformation bzw. z-Standardisierung vergleichbar machen (vgl. Code-Syntax 5-8). Diese Werte weisen die Besonderheit auf, dass sie einen Mittelwert von „0" und eine Standardabweichung von „1" besitzen. Ist der resultierende z-Wert für ein beobachtetes Datum also größer als „0" (bzw. kleiner), lässt sich sagen, dass der Wert „überdurchschnittlich" ist (bzw. unter dem Durchschnitt liegt). Für die Berechnung wird zum einen der Mittelwert benötigt sowie die Standardabweichung. Die jeweiligen z-Werte ergeben sich, indem man von jeder Beobachtung den Mittelwert der Beobachtungen abzieht und diesen Wert wiederum durch die Standardabweichung teilt. Schauen wir uns noch einmal das Pizza-Beispiel an, das ebenfalls in der Syntax dargestellt ist. Würden wir unsere Beobachtungen mithilfe der Funktion transformieren, dann wird ebenso ersichtlich, dass sich die Preise nicht voneinander unterscheiden.

*Code-Syntax 5-8: Daten transformieren: z-Transformation*
```
import math

def z_transform(array):
    n = len(array)
    mn = sum(array) / n
    var = (1 / (n-1)) * sum(map(lambda xi: (xi - mn) ** 2 , array))
    std = math.sqrt(var)
    z = [(xi - mn) / std for xi in array]
    return z

pizza_de = [4.99, 7.99, 5.99, 4.99, 6.99]
pizza_us = [5.74, 9.19, 6.89, 5.74, 8.04]

z_de = z_transform(pizza_de)
z_us = z_transform(pizza_us)
z_de == z_us   # True
```

## 5.7 Berechnung der Stichprobengröße

Möchte man im Rahmen einer Studie eine Befragung durchführen, ist es interessant zu wissen, wie viele Personen befragt werden müssen. Der *Stichprobenumfang* bzw. die Stichprobengröße kann berechnet werden und hängt davon ab, wie sicher oder überzeugt man von seinen Ergebnissen sein möchte. Im Folgenden werden hierzu zwei Python-Funktionen definiert, mit denen der Stichprobenumfang bei *bekannter* sowie *unbekannter* Population berechnet werden kann. Für beide Funktionen gilt, dass sich der Umfang einer Stichprobe erhöht, je sicherer man sich sein möchte. Zur Berechnung der Stichprobengröße benötigen wir unterschiedliche Parameter, unter anderem den Z-Wert, der sich aus der z-Verteilung ergibt. Um die Berechnung des Wertes zu vereinfachen, greifen wir auf das `stats` Modul des `scipy` Pakets zurück.

In Code-Syntax 5-9 ist zunächst die Funktion für die Berechnung der Stichprobengröße bei bekannter Population dargestellt. Dieser werden zum einen die Größe der Population und weitere Parameter übergeben, die einen Standardwert erhalten. Dabei geben wir die Fehlertoleranz mit 5% an, das Konfidenzniveau mit 95% und der geschätzte Anteilswert mit 50%. Dieser Wert wird häufig dann genutzt, wenn die Studie zum ersten Mal durchführt wird und somit die tatsächliche Verteilung (bzw. der tatsächliche Anteilswert) noch unbekannt ist. Zudem definieren wir einen `extra` Parameter, der zwischen 0 und 1 liegen kann und der Stichprobe einen zusätzlichen Anteil hinzufügt. In der Praxis ist das sinnvoll, da die Rücklaufquote

---

*Code-Syntax 5-9: Stichprobengröße bei bekannter Population*

```python
from scipy import stats
import math

def sample_size_pop(N, e=0.05, c=0.95, p=0.5, extra=None):
    """Stichprobengröße bei bekannter Population.

    N: Population / Grundgesamtheit
    e: Fehlertoleranz
    c: Konfidenzniveau
    p: geschätzter Anteilswert
    extra: Zusatz für fehlenden Rücklauf [0, 1]
    """
    z = stats.norm.ppf((1 + c) / 2)

    frac_n = (z**2 * p*(1-p)) / e**2
    frac_d = 1 + ((z**2 * p*(1-p)) / (e**2 * N))
    n = frac_n / frac_d
    if extra:
        n = n + n * extra

    # Werte aufrunden
    return math.ceil(n)

# Beispiel
n = 4000
sample_size_pop(n, c=0.99, e=0.03, p=0.5, extra=0.05)  #out: 1325
sample_size_pop(n, c=0.95, e=0.05, p=0.8, extra=0.05)  #out: 244
```

## 5.7 Berechnung der Stichprobengröße

erfahrungsgemäß geringer ausfällt und man dadurch eine Art „Puffer" erhält. Das Ergebnis wird am Ende mithilfe der „Decken"-Funktion `ceil` aufgerundet. Ein Beispiel soll die Berechnung verdeutlichen. Nehmen wir an, dass wir eine Umfrage unter Vereinsmitgliedern planen. Der Verein verzeichnet insgesamt 4.000 Mitglieder, die Grundgesamtheit (die Population) ist uns also bekannt. Der Vereinsvorstand kommt mit der Frage auf uns zu, ob es von den Mitgliedern gewünscht ist, ein neues Stadion zu bauen, oder nicht. Der Vorstand will sich sehr sicher sein und aus diesem Grund verlangt er ein Konfidenzniveau von 99% und eine Fehlertoleranz von 3%. Der Vorstand möchte zudem 5% mehr Mitglieder befragen. Nach der Eingabe der Werte, zeigt uns die Funktion, dass wir 1325 Vereinsmitglieder befragen müssen. Wenn nun 80% der Mitglieder für „Ja" stimmen würden, könnten wir uns zu 99% sicher sein, dass zwischen 77 und 83 Prozent aller Mitglieder ebenso abstimmten. Die Ergebnisse teilen wir dem Vereinsvorstand mit und auch wenn die meisten Mitglieder wahrscheinlich dafür stimmen, ist sich der Vorstand unsicher. Er möchte, dass wir die Umfrage erneut durchführen, jedoch weniger restriktiv. Diesmal ist uns der geschätzte Anteilswert bekannt, nämlich 80%. Entsprechend ändern wir unsere Eingabe (`p=0.8`). Nachdem wir das Konfidenzniveau auf 95% gesenkt und die Fehlertoleranz auf 5% erhöht haben, zeigt sich, dass wir im zweiten Durchgang lediglich 244 Personen befragen müssen.

Der Stichprobenumfang lässt sich auch berechnen, wenn die Grundgesamtheit unbekannt ist. Zur Berechnung benötigen wir ebenso den kritischen Z-Wert, den wir uns erneut mithilfe der `scipy` Bibliothek ausgeben lassen. Außerdem werden auch hier die gewünschte Fehlertoleranz sowie der Anteilswert benötigt, den wir erneut mit 50% angeben. Die Umsetzung der Berechnung ist in Code-Syntax 5-10 gezeigt. Stellen wir uns zur Verdeutlichung der Berechnung nun einmal vor, dass wir von einer Partei mit einer Umfrage beauftragt wurden. Wir wissen, dass diese Partei bei einer vorherigen Umfrage 9% Zustimmung erhalten hat. Die Partei ist unzufrieden und will nun wissen, ob dieses Ergebnis stimmt. Für uns stellt sich die Frage, wie viele Personen wir befragen müssten, damit wir mit einer Sicherheit von 95% und einer Genauigkeit von 99% sagen können, den wahren Anteilswert ermittelt zu haben? Wir geben die Werte in unsere Funktion ein und stellen fest, dass wir etwa 3150 Personen befragen müssen, um mit einer Fehlertoleranz von 1% das wahrscheinlich wahre Ergebnis zu erhalten. Das Ergebnis würde dann mit hoher Sicherheit zwischen 8 und 10 Prozent liegen. Würden wir die Fehlertoleranz vergrößern, etwa auf 5%, dann müssten wir lediglich 126 Personen befragen, doch wird das Ergebnis entsprechend ungenau.

*Code-Syntax 5-10: Stichprobengröße bei unbekannter Population*

```python
from scipy import stats
import math

def sample_size(e=0.05, c=0.95, p=0.5, extra=None):
    """
    Stichprobengröße, unbekannte Population.

    Parameter
    ---------
        e: Fehlertoleranz
        c: Konfidenzniveau
        p: geschätzter Anteilswert
        extra: Zusatz für fehlenden Rücklauf

    Returns
    -------
        n, sample size -> int
    """
    z = stats.norm.ppf((1 + c) / 2)
    n = (z**2 * p * (1-p)) / e**2
    if extra:
        n = n + n * extra

    return math.ceil(n)

sample_size(p=0.09, e=0.01, c=0.95)
#out: 3147
```

# Daten visualisieren 6

### Zusammenfassung

In diesem Kapitel lernen wir, Python für die Visualisierung von Daten bzw. Zusammenhängen zu nutzen. Ziel der Forschung ist es, Erkenntnisse zu generieren. Mithilfe von Abbildungen ist es möglich, sich „auf einen Blick" zu informieren. Wir nutzen dazu die Bibliothek Matplotlib sowie Seaborn und besprechen zahlreiche Formate. Unter anderem wird gezeigt, wie Balken- oder Liniendiagramme erstellen werden können. Zudem wird demonstriert wird Streudiagramme in Abhängigkeit zu den Daten eingefärbt und die Punktgröße variiert werden kann.

### Schlagwörter

Visualisierung, Python, Matplotlib, Seaborn, Data Science, Heatmap, Balkendiagramm, Scatterplot, Jointplot

Das Ziel jeder Datenanalyse ist es, Informationen aus den erhobenen Daten zu generieren, um Erkenntnisse über den Forschungsgegenstand zu gewinnen. Vor allem die Visualisierung der Daten hilft dabei, Zusammenhänge „auf einen Blick" zu erkennen. Hierbei gilt jedoch zu beachten, dass die Darstellungsweise mit der Skalierung der Daten zusammenhängt. So lassen sich kategoriale Daten (bzw. nominalskalierte Werte) etwa als Histogramme darstellen, oder als Tortendiagramm, jedoch nicht sinnvoll als Liniendiagramm, oder als Punktwolke. In diesem Kapitel werden wir uns nun mit der Visualisierung beschäftigen und dabei die gängigsten Darstellungstypen kennenlernen und in Python umsetzen. Zur Visualisierung von Daten stehen uns unterschiedliche Bibliotheken zur Verfügung. Wir werden uns vor allem auf die Bibliothek `matplotlib` konzentrieren, da sie den Standard in Python markiert. Näher betrachten werden wir zudem die Bibliothek `seaborn`, die einerseits auf Matplotlib aufbaut, uns andererseits jedoch die Anwendung vereinfacht und mehr Möglichkeiten zur Darstellung bietet.

## 6.1 Daten visualisieren mit Matplotlib

Die Bibliothek Matplotlib ist gewissermaßen der Standard zur Visualisierung von Ergebnissen in Python. Das Paket wird konventionell wie folgt eingebunden:

```
import matplotlib.pyplot as plt
```

Diese Schreibweise hat sich etabliert und sollte auch bei eigenen Projekten übernommen werden. Bevor wir konkret mit der Umsetzung von Grafiken beginnen, müssen wir zunächst einige Begriffe klären, die den Umgang mit Matplotlib verständlich machen. Auch für die Visualisierung gilt: Wir müssen dem Computer konkret sagen, was er tun soll. Mit anderen Worten, wir müssen die konkreten Befehle kennen, die wir hierzu nutzen können. In Matplotlib wird eine zwei-dimensionale Grafik als „Figure" bezeichnet. Alle Elemente, die man dorthin zeichnen kann, heißen wiederum „Artist". Hierunter zählen die Linien-Objekte, aber auch Text sowie das Raster usw. Sobald das `Figure` Objekt erstellt (gerendert) wird, werden alle `Artists` auf die Leinwand (`Canvas`) projiziert. Zu einem `Figure`-Objekt gehört jeweils ein `Axes`-Objekt, das wiederum zwei oder drei `Axis`-Objekte beinhaltet, je nachdem ob es sich um ein zwei- oder dreidimensionaler Druck handelt. Jede `Axes` hat zudem einen Titel sowie eine Bezeichnung für die jeweilige `Axis` (also der X- sowie Y-Achse bei einem zweidimensionalen Druck). Mit Matplotlib lassen sich alle gängigen Abbildungen bzw. Diagramme erstellen, etwa Balkendiagramme, Histogramme oder Punktwolken (Streudiagramme). Nachfolgend wollen wir uns dies genauer anschauen.

### 6.1.1 Balkendiagramm

Balkendiagramme werden verwendet, um die Häufigkeitsverteilung von nominal- bzw. ordinalskalierten Variablen anzugeben und können *vertikal* sowie *horizontal* ausgerichtet sein. Nachfolgend wird nur ein Beispiel für ein vertikales Balkendiagramm gegeben, da sich die Eingaben nur in wenigen Punkten voneinander unterscheiden.

Für ein vertikales Balkendiagramm rufen wir die Funktion `bar()` auf (vgl. Code-Syntax 6-1). Die Kategorien (hier: `values`) werden von der Funktion dabei als Werte mit gleichen Abständen interpretiert, d. h. zwischen diesen sollte keine „Lücke" vorhanden sein. Was ist damit gemeint? In unserem Beispiel haben wir drei Kategorien festgelegt [1, 2, 3]. Würden wir stattdessen nun [1, 2, 4] angeben, dann würde bei der Ausgabe eine Lücke im Diagramm entstehen. Zudem geben wir den Kategorien Bezeichnungen (`labels`), da sich diese besser interpretieren lassen. Ferner können wir die Farben der Balken bestimmen (`colors`). Die Farbe muss nicht angegeben werden, aber falls eventuelle Vorgaben vorhanden sind (etwa im Coporate Design), lassen sich diese hier anwenden. All diese Parameter speichern wir in einem Dictionary-Objekt (`config`), wobei dessen Keys mit den Parametern der `bar()`-Funktion übereinstimmen müssen. Anschließend können wir das Dictionary mithilfe des Dictionray-Unpackings übergeben. Ähnlich gehen wir mit der Konfiguration der Schriftart und Schriftgröße für den Titel sowie für die Achsen-Bezeichnungen vor.

*Code-Syntax 6-1: Einfaches Balkendiagramm (vertikal)*

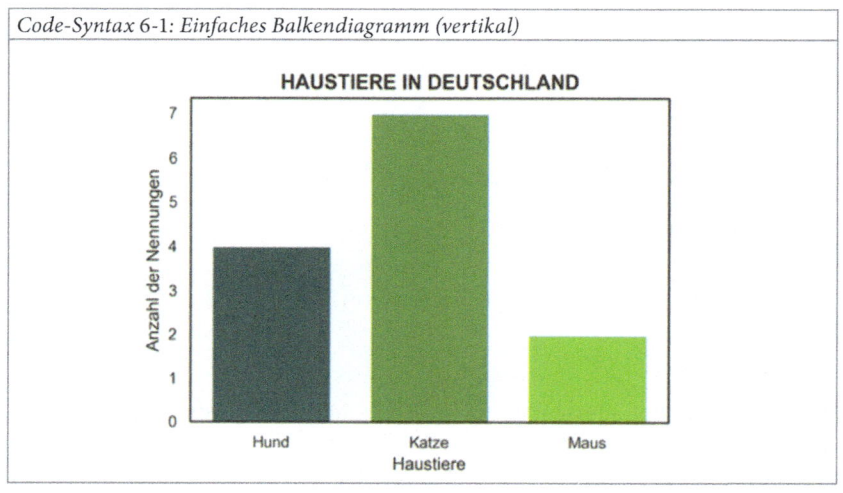

```python
import matplotlib.pyplot as plt

# Daten des Diagramms
values = [1, 2, 3]
value_counts = [4, 7, 2]
labels = ["Hund", "Katze", "Maus"]
colors = ["#1B676B", "#519548", "#88C425"]

# Abbildung konfigurieren
config = {
    "x": values,
    "height": value_counts,
    "width": 0.75,
    "tick_label": labels,
    "color": colors,
}

# Abbildung erstellen
plt.bar(**config)

# Beschriftungen festlegen und hinzufügen
tfont = {
    "family": "sans-serif",
    "weight": "bold",
    "size": "14",
}

lfont = {
    "family": "sans-serif",
    "size": "12",
}

plt.title("Haustiere in Deutschland".upper(), **tfont)
plt.xlabel("Haustiere", **lfont)
plt.ylabel("Anzahl der Nennungen", **lfont)

# Abbildung speichern und anzeigen
plt.savefig("balkendiagramm-haustiere", dpi=300)
plt.show()
```

Wie bereits erwähnt, müssen wir für ein horizontales Balkendiagramm ein paar Änderungen vornehmen. Während die Kategorien bei vertikalen Balkendiagrammen auf der x-Achse verzeichnet sind („von unten nach oben"), werden sie bei der horizontalen Variante auf der y-Achse abgetragen („von links nach rechts"). Außerdem müssen die Achsen-Beschriftungen getauscht werden. Außerdem wird eine andere Funktion aufgerufen, und zwar barh() – man beachte das „h" am Ende.

Da sich das Diagramm nun in die Breite streckt, erhält nun der width-Parameter die Verteilungsangaben unserer Kategorien.

### 6.1.2 Histogramm

Ein Histogramm wird genutzt, um die Häufigkeitsverteilung von Variablen auszugeben, die mindestens intervallskaliert sind. Hierbei werden die Werte in Klassen eingeteilt, die gleicher oder variabler Breite sein können, wobei meist Klassen mit gleicher Breite gebildet werden. In Code-Syntax 6-2 wird zunächst gezeigt, wie ein Histogramm mit gleichbleibender Breite angelegt werden kann. Wie man in der Abbildung sieht, wird der Text in mathematischer Schreibweise dargestellt. Dies wird durch die „$"-Symbole signalisiert, die wir bei den Bezeichnungen verwendet haben. Innerhalb dieser Symbole lässt sich nun LaTeX-Code schreiben.[34]

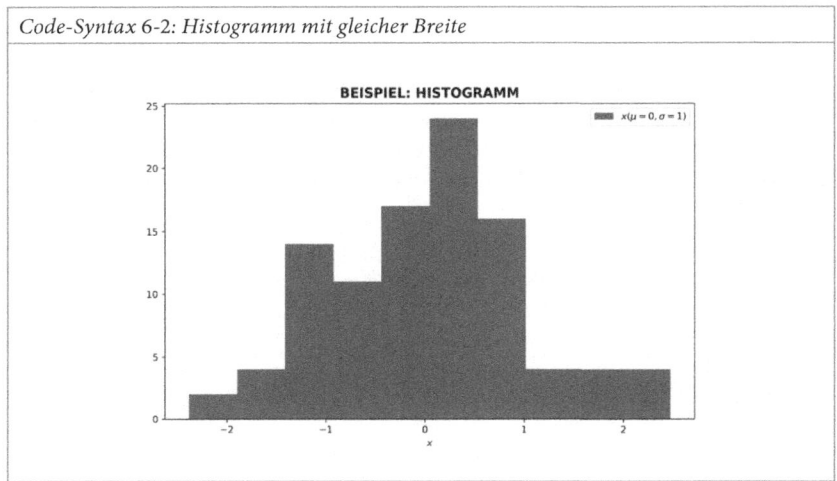

*Code-Syntax 6-2: Histogramm mit gleicher Breite*

---

34 Die Dokumentation von LaTeX findet sich auf der folgenden Webseite: https://www.latex-project.org/help/documentation/

```python
import matplotlib.pyplot as plt
import numpy as np

# Daten generieren
np.random.seed(4)
x = np.random.normal(size=100)

# Abbildung anlegen
fig, ax = plt.subplots(figsize=(10,6))
label = r"$x (\mu=0, \sigma=1)$"
ax.hist(x=x, color="#1B676B", label=label)

# Beschriftung
title = "Beispiel: Histogramm"
plt.title(title.upper(), **tfont)

plt.xlabel("$x$")
plt.legend()

# Abbildung anzeigen
plt.show()
```

In Code-Syntax 6-3 wird wiederum ein Histogramm mit ungleicher Breite generiert. In dieser Grafik wird die (fiktive) Notenverteilung zweier Klassen dargestellt. Die Gruppen (`bins`) werden anhand der erreichten Prozentpunkte eingeteilt. Die Intervalle werden in der `hist()`-Funktion automatisch erstellt, man muss bei der

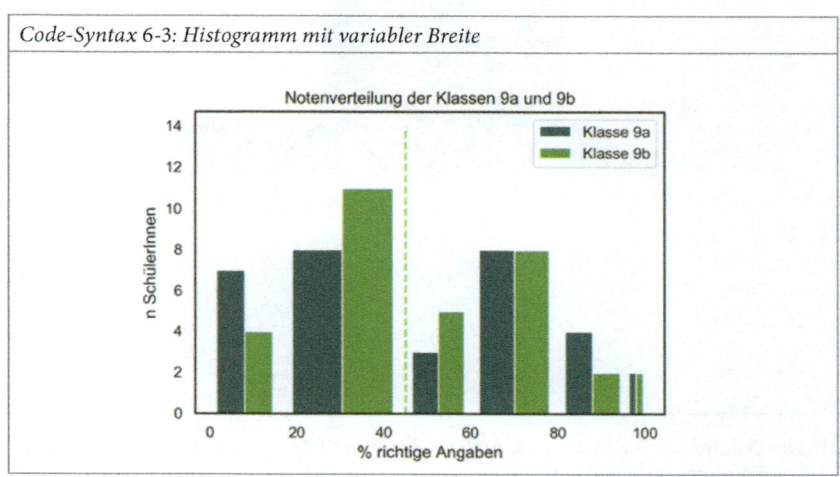

Code-Syntax 6-3: *Histogramm mit variabler Breite*

## 6.1 Daten visualisieren mit Matplotlib

```python
# Random Noten-Daten
n = 32
np.random.seed(12)
noten_9a = np.random.randint(0, 101, size=n)
np.random.seed(13)
noten_9b = np.random.randint(0, 101, size=n)

# Notenschlüssel / Noten-Intervall: Noten 1-6
"""
1 (sehr gut): 96 - 100
2 (gut): 80 - 95
3 (befriedigend): 60 - 79
4 (ausreichend): 45 - 59
5 (mangelhaft): 16 - 44
6 (ungenügend): 0 - 15
"""
interval = [0, 16, 45, 60, 80, 96, 100]
colors = ['#1B676B', '#519548']
config = {
    "x": [noten_9a, noten_9b],
    "bins": interval,
    "color": colors,
    "label": ["Klasse 9a", "Klasse 9b"],
}

# Abbildung anlegen
plt.hist(**config)

# horizontale Linie einfügen, Grenze: "bestanden"
h = 15
xline = h * [45]
yline = range(0, h)
plt.plot(xline, yline, "--", c="#88C425")

# Beschriftungen
plt.title("Notenverteilung der Klassen 9a und 9b")
plt.xlabel("% richtige Angaben")
plt.ylabel("n SchülerInnen")
plt.legend()

# Abbildung anzeigen
plt.show()
```

Grenzbestimmung jedoch folgendes beachten: Die Angabe des Intervalls erfolgt dabei stets „rechtsoffen", also es enthält den linken Wert, jedoch nicht den rechten. Eine Ausnahme bildet das letzte Intervall, dieses ist abgeschlossen (in unserem Fall: 96 bis inklusive 100 Prozent). So wird zum Beispiel die Note 3 („befriedigend") verteilt, wenn jemand 60% bis 79% der Punkte erreicht – angegeben werden muss das Intervall nachfolgend also als [60, 80) – sprich: „enthält 60, aber nicht 80". Wie in der Grafik zu sehen ist, sind die Gruppen unterschiedlich breit, d.h. die Intervalle bzw. Gruppen sind unterschiedlich groß. Zudem integrieren wir noch eine zusätzliche Linie auf dem Diagramm, die uns die Grenze aufzeigt, ab wann jemand bestanden hat (ab 45%). Wir haben neben den Balken des Histogramms dadurch ein zweites Diagramm hinzugefügt, nämlich ein Liniendiagramm, mit dem wir uns im nächsten Abschnitt beschäftigen werden.

### 6.1.3 Liniendiagramme

Liniendiagramme werden genutzt, um den Zusammenhang von (zwei) Variablen in einem zweidimensionalen Raum darzustellen, oder mit anderen Worten: Die korrespondierenden Werte werden als Koordinaten auf der x-Achse bzw. y-Achse abgetragen. Die x-Werte werden dabei als „unabhängige" Variable bezeichnet (bzw. als „exogene" Variable oder „Prädiktor"), die y-Werte wiederum die abhängige Variable (bzw. als „endogene" Variable oder „Kriterium"). Ein einfaches Liniendiagramm lässt sich bereits mit nur wenig Code realisieren. Im Paket Matplotlib steht uns hierzu die Funktion `plot()` bereit, die als Standard für eine solche Abbildung dient. Neben den x- sowie y-Werten, können der Funktion weitere Parameter übergeben werden. So können wir etwa die Linienstärke bestimmen, die Bezeichnung wählen, aber auch wie „durchsichtig" die Linie sein soll. Exemplarisch ist die Funktionsweise in Code-Syntax 6-4 gezeigt.

Der `plot()`-Funktion haben wir zudem eine Zeichenkette übergeben („k-"). Dabei handelt es sich um den Parameter `fmt` bzw. „Format String". Dieser kann zur Gestaltung der Linie genutzt werden, d.h. hier wird mithilfe einer Kurzschreibweise festgelegt, welche Farbe und welche Markierung der Linie zugewiesen werden soll, und zudem die Art der Linie bestimmt (durchgängig, gestrichelt, gepunktet usw.). In unserem Beispiel sehen wir eine durchgängige schwarze Linie, die zusätzlich einen `alpha`-Wert von „0,8" erhält. Dieser Parameter gibt die Durchsichtigkeit an, wobei hier ein Wert zwischen 0 und 1 angegeben werden kann und „0" vollständige Transparenz bedeutet. Mit dem Parameter `linewidth` legen wir wiederum die Strichstärke fest.

6.1 Daten visualisieren mit Matplotlib

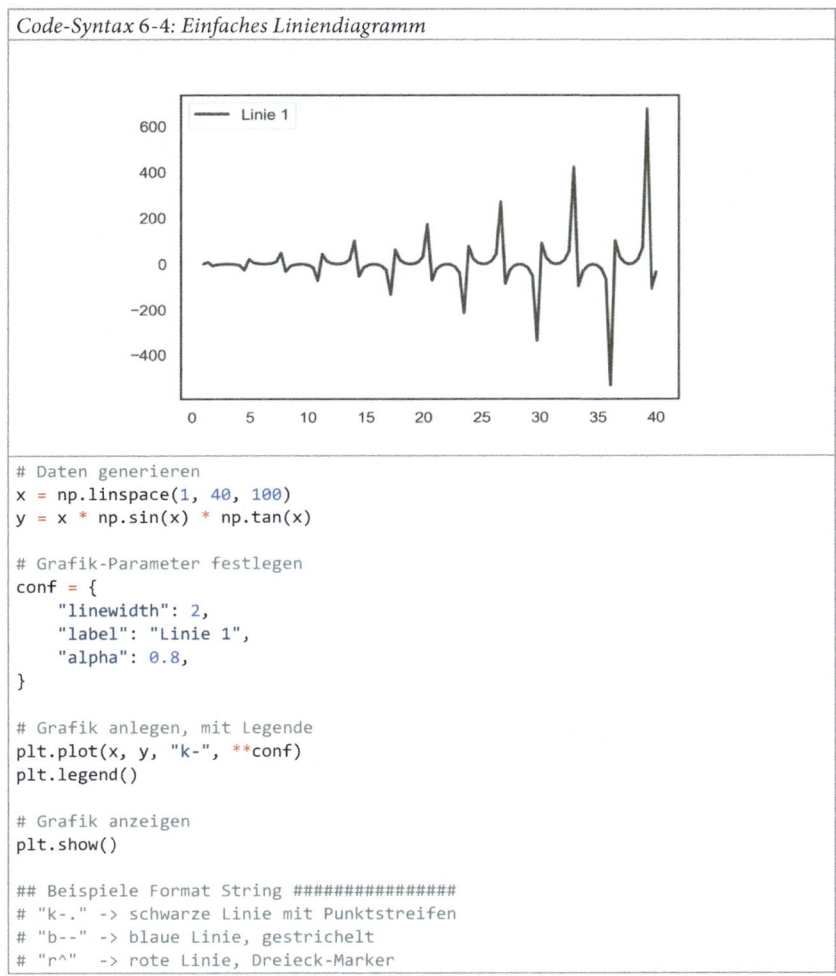

*Code-Syntax 6-4: Einfaches Liniendiagramm*

```
# Daten generieren
x = np.linspace(1, 40, 100)
y = x * np.sin(x) * np.tan(x)

# Grafik-Parameter festlegen
conf = {
    "linewidth": 2,
    "label": "Linie 1",
    "alpha": 0.8,
}

# Grafik anlegen, mit Legende
plt.plot(x, y, "k-", **conf)
plt.legend()

# Grafik anzeigen
plt.show()

## Beispiele Format String ################
# "k-."  -> schwarze Linie mit Punktstreifen
# "b--"  -> blaue Linie, gestrichelt
# "r^"   -> rote Linie, Dreieck-Marker
```

Wie bereits im Abschnitt zum Histogramm dargestellt wurde, können mehrere Linien innerhalb einer Grafik gezeichnet werden. Dies gilt ebenso für Liniendiagramme, wie in Code-Syntax 6-5 demonstriert. Dort erstellen wir eine Grafik, auf der drei Linien eingezeichnet werden. Zur Datengenerierung nutzen wir die NumPy-Funktion `linspace()`. Mit ihr erstellen wir 100 Werte, die zwischen „0" und „4" liegen und dabei den gleichen Abstand zueinander aufweisen („linear spaced"). Wie an dem Code-Beispiel ersichtlich wird, können wir der Funktion `plot()` solange neue Linien-Objekte übergeben, bis die Funktion `show()` aufgerufen wird. Mit dem `loc`-Parameter kann ferner der Ort bestimmt werden, an dem die Legende erscheinen soll. Mit dem Wert „best" wird diese an der Stelle platziert, die dem Algorithmus am geeignetsten erscheint. Das bringt jedoch den Nachteil mit sich, dass die Visualisierung (die Berechnung der Grafik) umso länger dauert, je umfangreicher die Daten sind bzw. je komplexer die Grafik wird. Unter Umständen ist es daher sinnvoller, dem Parameter eine direkte Angabe zu übergeben (entweder als Zahl oder als Zeichenkette, siehe Dokumentation bzw. Doctsring).

*Code-Syntax 6-5: Liniendiagramm mit drei Kurven*

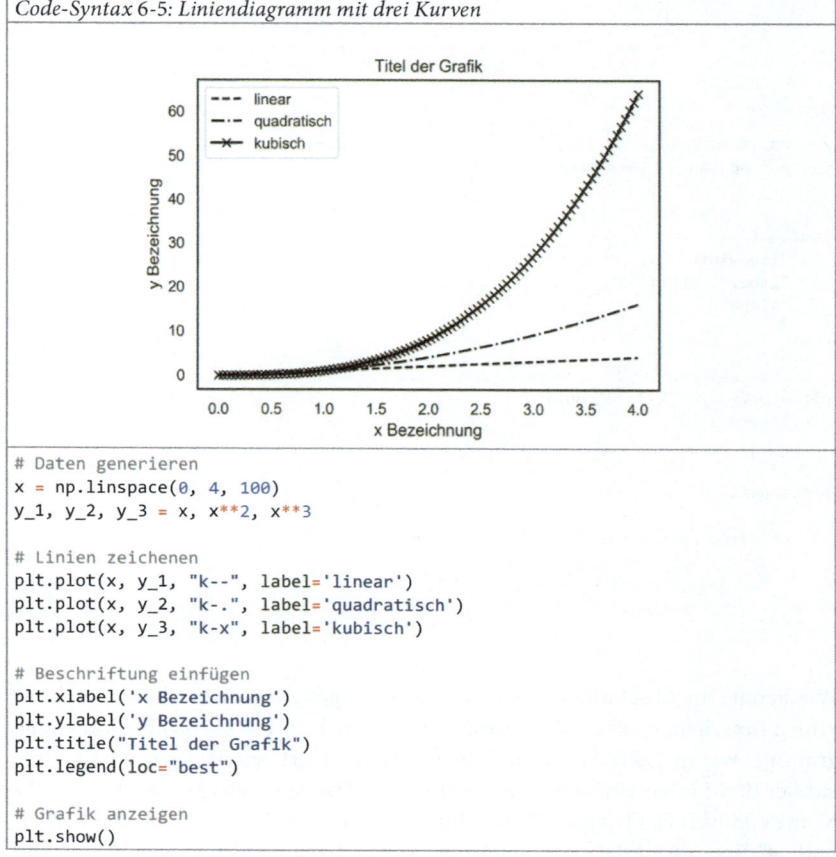

```
# Daten generieren
x = np.linspace(0, 4, 100)
y_1, y_2, y_3 = x, x**2, x**3

# Linien zeichnen
plt.plot(x, y_1, "k--", label='linear')
plt.plot(x, y_2, "k-.", label='quadratisch')
plt.plot(x, y_3, "k-x", label='kubisch')

# Beschriftung einfügen
plt.xlabel('x Bezeichnung')
plt.ylabel('y Bezeichnung')
plt.title("Titel der Grafik")
plt.legend(loc="best")

# Grafik anzeigen
plt.show()
```

6.1 Daten visualisieren mit Matplotlib

Bisher haben wir mehrere Linien innerhalb einer Grafik gezeichnet. Auch der umgekehrte Fall ist möglich, und zwar mehrere Grafiken mit jeweils einer Linie (bzw. einem Zusammenhang) darzustellen. Hierzu müssen wir die Funktion subplots() aufrufen. Dies werden wir in den späteren Beispielen sehr häufig nutzen, jedoch mehrheitlich um ein Axes-Objekt zu erstellen und die Beschriftungen einfacher anpassen zu können.

In Code-Syntax 6-6 werden wir hingegen drei solcher Axes-Objekte anlegen, um drei unterschiedliche Zusammenhänge zu visualisieren. Als Datenbasis generieren wir erneut 100 gleichmäßig verteilte Werte. Das Besondere an der Funktion subplots() ist, dass sie ein Tuple zurückgibt, wobei das erste Objekt ein Figure-Objekt ist und das zweite – je nach Konfiguration – ein Axes-Objekt oder eine Liste – genauer: ein NumPy-Array mit Axes-Objekten. Als Standard-Parameter sind hier ncols=1 sowie nrows=1 festgelegt, d. h. die Funktion gibt eine Abbildung mit einer Zeile und einer Spalte zurück. Um nun drei Abbildungen übereinander zu „stapeln", müssen wir den Parameter nrows auf den Wert „3" setzen. Dadurch erhalten wir eine Abbildung mit drei verschiedenen Axes-Objekten, die wir dann mit den entsprechenden Werten verbinden können. Zudem nutzen wir das „Unpacking", um aus NumPy-Array alle Axes-Objekte zu extrahieren. Jedem dieser Objekte kann ein unterschiedlicher Diagramm-Typ zugewiesen werden, da jedes Axes-Objekt

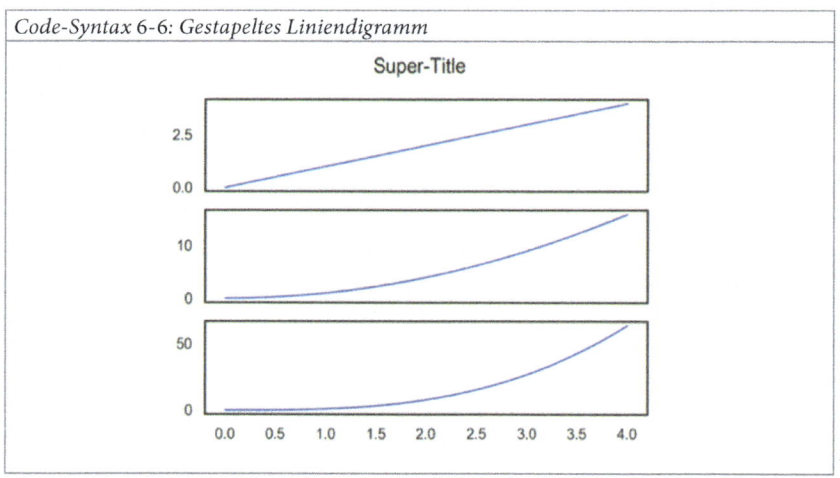

Code-Syntax 6-6: Gestapeltes Liniendigramm

```
# Daten generieren
x = np.linspace(0, 4, 100)
y1, y2, y3 = x, x**2, x**3

config = {
    "ncols": 1,
    "nrows": 3,
    "sharey": False,
    "sharex": True,
    "figsize": (6, 4),
    "dpi": 300,
}

# Grafik, mit 3 "Axes"-Objekten
fig, (ax1, ax2, ax3) = plt.subplots(**config)
ax1.plot(x, y1)
ax2.plot(x, y2)
ax3.plot(x, y3)

# Überschrift der gesamten Abbildung
fig.suptitle("Super-Title")

# Grafik anzeigen
plt.show()
```

einzeln angesteuert werden kann. In unserem Beispiel könnten wir mit `ax1.plot()`, `ax2.hist()` sowie `ax3.scatter()` also zunächst ein Liniendiagramm, dann ein Histogramm sowie anschließend ein Streudiagramm zeichnen, das wir im nächsten Abschnitt betrachten werden. Wir belassen es hier jedoch bei drei Liniendiagrammen.

Zusätzlich zur Spalten- sowie Zeilenanzahl bestimmen wir noch weitere Parameter. Mit `sharex` sowie `sharey` legen wir fest, ob sich die unterschiedlichen Abbildungen die entsprechendxe Achse teilen sollen. In unserem Fall teilen sich die Diagramme die x-Achse, da dieser Parameter auf `True` gesetzt wurde. Wie wir in der Grafik sehen, besitzen alle drei Abbildungen jedoch unterschiedliche y-Achsen. Ferner geben wir mit dem Parameter `figsize` die Größe der Grafik in *Inch* an. Mit dem `dpi`-Wert legen wir wiederum fest, wie viele Punkte pro Inch angezeigt bzw. gedruckt werden sollen. Je höher dieser Wert ist, desto besser ist die Qualität der Grafik, doch umso mehr Speicherplatz nimmt auch die Datei ein. Zudem kann jede einzelne Sub-Grafik mit einem Titel versehen werden, der pro `Axes`-Objekt und mit der Methode `set_title("Title")` festgelegt wird – zum Beispiel `ax1.set_title("Title 1")`. Wir verzichten hier darauf, geben jedoch der gesamten Abbildung einen Titel. Das `Figure`-Objekt hat eine „Haupt-Beschriftung", die wiederum mit der Methode `suptitle()` bestimmt wird.

### 6.1.4 Streudiagramm (Scatterplot)

Streudiagramme (auch „Punktwolke" genannt, engl. „scatterplot") zeigen die einzelnen Werte als Punkte innerhalb eines zweidimensionalen Raumes an, ähnlich zum Liniendiagramm. Eine einfache Punktwolke lässt sich bereits mit dem Programmcode in Code-Syntax 6-7 realisieren. Als Datengrundlage dienen uns hierbei 100 Zufallszahlen, die wir jeweils als x-Werte sowie y-Werte bezeichnen und dann als Parameter in die **scatter()**-Funktion übergeben.

*Code-Syntax 6-7: Einfaches Streudiagramm (Scatterplot)*

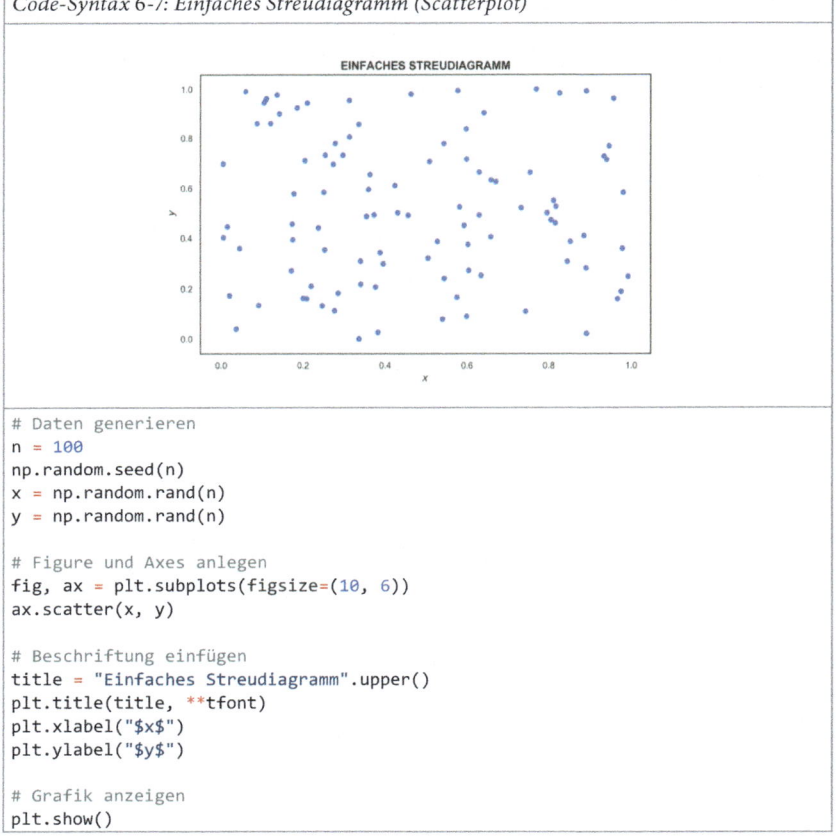

```
# Daten generieren
n = 100
np.random.seed(n)
x = np.random.rand(n)
y = np.random.rand(n)

# Figure und Axes anlegen
fig, ax = plt.subplots(figsize=(10, 6))
ax.scatter(x, y)

# Beschriftung einfügen
title = "Einfaches Streudiagramm".upper()
plt.title(title, **tfont)
plt.xlabel("$x$")
plt.ylabel("$y$")

# Grafik anzeigen
plt.show()
```

Das Besondere am Scatterplot ist nun, dass man die Größe der einzelnen Punkte in Abhängigkeit zu einem weiteren Merkmal festlegen kann, etwa anhand einer spezifischen Gruppe (bzw. allgemein einer nominalskalierten Variablen). Wir wollen dies in der nächsten Abbildung simulieren (vgl. Code-Syntax 6-8).

Für die wertbasierte Punktwolke erstellen wir uns neben den Zufallszahlen (bzw. der zwei Merkmale) auch noch eine Farbliste, die einen zufälligen Farbwert pro Datum (pro „Fall" bzw. Zeile) erhält. Ferner legen wir so auch die Größe der Punkte im size-Objekt fest. Wie auf dem erweiterten Scatterplot gut sichtbar wird, variieren die Farbwerte sowie Punktgrößen, in unserem Fall geschieht dies zufällig, doch in der Forschungspraxis werden hierzu Werte genutzt, die zur Informationsverdichtung beitragen. Man könnte zum Beispiel daran interessiert sein, wie viel Gehalt Frauen und Männer (einer Stichprobe) nach bestimmten Arbeitsjahren in ihrem Job erhalten. Die Einfärbung der Punkte könnte nun anhand des Geschlechts vorgenommen werden und die Größe der Punkte wiederum durch die Anzahl der Bildungsjahre bestimmt werden.

*Code-Syntax 6-8: Streudiagramm mit wertbasierter Punktgröße*

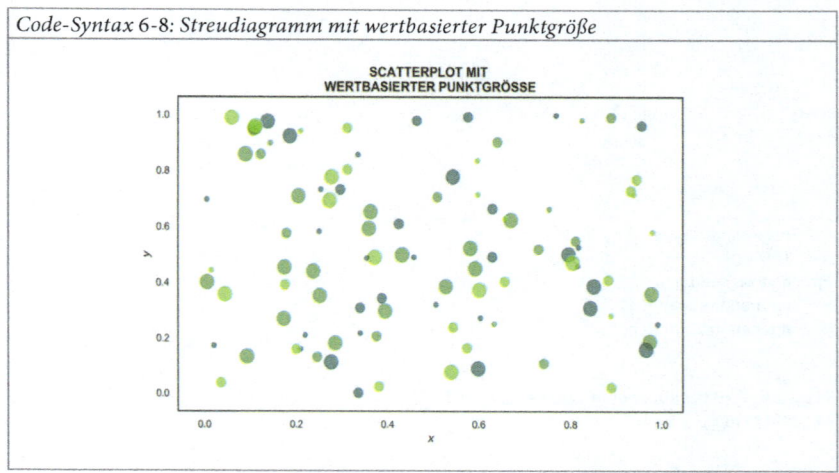

## 6.1 Daten visualisieren mit Matplotlib

```python
# Daten generieren
n = 100
np.random.seed(n)
x = np.random.rand(n)
y = np.random.rand(n)

# Farben und Größe der Punkte festlegen
colors = ['#1B676B', '#519548', '#88C425']
cmap = [colors[i] for i in np.random.randint(0, 3, n)]
size = (5 * np.random.randint(1, 4, n)) ** 2

# Grafik anlegen
fig, ax = plt.subplots(figsize=(10, 6))

conf = {
    "c": cmap,
    "s": size,
    "alpha": 0.7,
}
ax.scatter(x, y,**conf)

# Beschriftungen einfügen
tfont = {
    "family": "sans-serif",
    "weight": "bold",
    "size": "14"
}
title = """Scatterplot mit
wertbasierter Punktgröße"""

plt.title(title.upper(), **tfont)
plt.xlabel("$x$")
plt.ylabel("$y$")

# Grafik drucken
plt.show()
```

### 6.1.5 Grafiken dynamisch erstellen

Grafiken können auch dynamisch erstellt werden. Dies soll nun abschließend demonstriert werden. Wie bereits aufgezeigt, gibt die Funktion `subplots()` ein `Figure`-Objekt sowie eine Liste (bzw. ein NumPy-Array) mit der entsprechenden Anzahl an `Axes`-Objekten zurück. Die Liste mit den Arrays ist jedoch verschachtelt, d. h. wir müssen diese noch „entschachteln", um komfortabel iterieren zu können. Hierzu nutzen wir die Funktion `chain()` aus dem `itertools` Modul. Zur Demonstration wollen wir nun vier unterschiedliche Abbildungen in einer Grafik erstellen, die alle eine Exponentiation von X zeigen, ohne dabei jedoch alle Parameter manuell festlegen zu müssen. Mit anderen Worten, wir wollen die Werte eines Arrays mit unterschiedlichen Exponenten ausgeben, und zwar mit den Exponenten von „1" bis „4". Zudem sollen die unterschiedlichen *Labels* die entsprechenden Exponentialgleichungen sein, die wir als mathematische Gleichung formatieren. All das soll jedoch mit so wenig Aufwand wie möglich geschehen. Die finale Grafik sowie der entsprechende Code finden sich in Code-Syntax 6-9.

*Code-Syntax 6-9: Grafiken dynamisch erstellen*

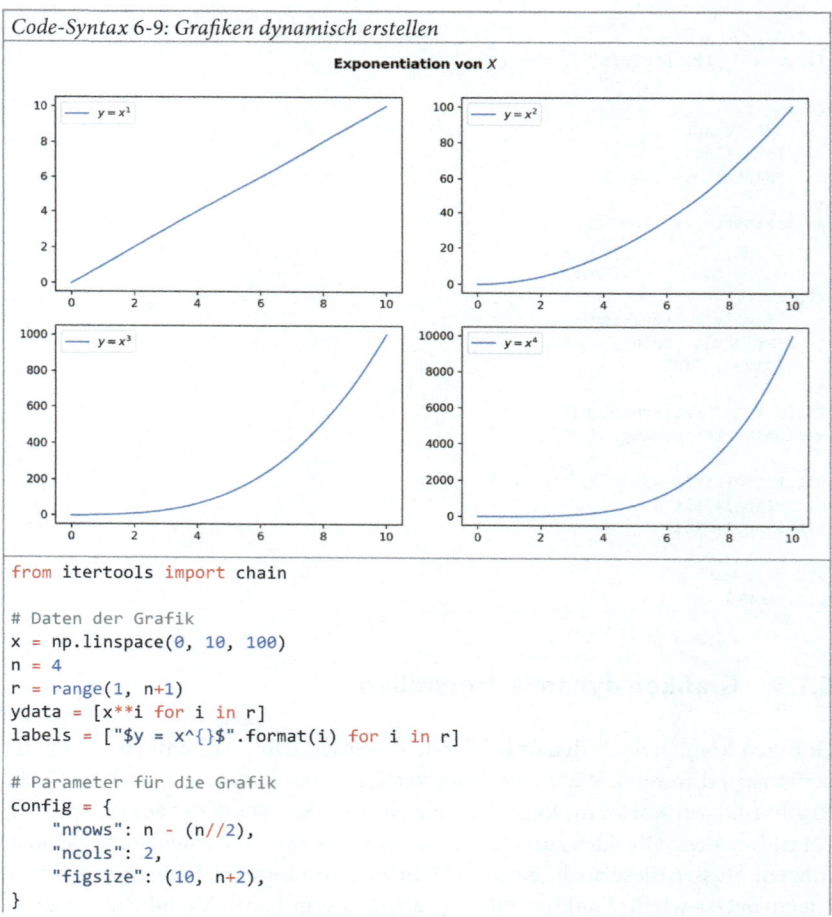

```
from itertools import chain

# Daten der Grafik
x = np.linspace(0, 10, 100)
n = 4
r = range(1, n+1)
ydata = [x**i for i in r]
labels = ["$y = x^{}$".format(i) for i in r]

# Parameter für die Grafik
config = {
    "nrows": n - (n//2),
    "ncols": 2,
    "figsize": (10, n+2),
}
```

## 6.1 Daten visualisieren mit Matplotlib

```
# Grafik mit Subplots anlegen
fig, axes = plt.subplots(**config)

# verschachtelte Liste -> entschachteln
axes = chain.from_iterable(axes)

# Grafik erstellen
for y, label, ax in zip(ydata, labels, axes):
    ax.plot(x, y, label=label)
    ax.legend(loc=2)

# Bezeichnungen festlegen
font = {"y": 1.05, "fontweight": "bold"}
plt.suptitle("Exponentiation von $X$", **font)
plt.tight_layout()

# Grafik anzeigen
plt.show()
```

Für die Grafik benötigen wir zunächst die Werte des Arrays, die wir erneut mithilfe der Funktion `linspace()` des NumPy-Pakets generieren. Unsere Werte, die wir sozusagen auf der Y-Achse abtragen (genauer: unsere abhängigen Variablen), sollen jeweils die Exponentialwerte von X sein, und zwar mit den Exponenten von „1" bis „4". Hierzu können wir die Funktion `range()` nutzen. Die Labels der erzeugten Linien sollen wiederum die jeweilige Exponentialfunktion angeben, die wir in mathematischer Schreibweise formatieren. Sowohl für die Y-Daten (`ydata`) als auch für die Beschriftungen (`labels`) können wir eine List-Comprehension verwenden, um die entsprechenden Objekte zu generieren. Wir haben also zwei Listen mit jeweils vier Werten (y-Werte, y-Labels), die wir jeweils auf einem Axes-Objekt zeichnen wollen. Da uns auch hierzu eine Liste mit den einzelnen `Axes`-Objekten bereitsteht, können wir all diese Listen miteinander kombinieren. Dazu nutzen wir die eingebaute `zip()`-Funktion, die jeweils die Elemente an derselben Index-Position miteinander verknüpft. Über diese Verknüpfung können wir nun iterieren und die Einzelabbildungen automatisch erstellen lassen, wobei wir hierbei jedoch nur einen Diagramm-Typ festlegen können.

## 6.2 Daten visualisieren mit Seaborn

Mit Matplotlib lassen sich einfache sowie komplexere Grafiken erstellen, wobei der Aufwand hierzu stark variiert. Wir wollen uns nun mit dem Paket `seaborn` beschäftigen, das ebenfalls zur Datenvisualisierung bereitsteht und auf Matplotlib aufbaut. Die Bibliothek ist Bestandteil der Anaconda Distribution und muss daher nur nachträglich installiert werden, wenn lediglich der Python-Installer zur Installation von Python verwendet wurde (vgl. Abschnitt 1.2.1). Die Dokumentation des Pakets ist sehr detailliert, übersichtlich und mit vielen Beispielen versehen.[35] Seaborn wird konventionell wie folgt importiert:

```python
import seaborn as sns
```

Neben der Möglichkeit, in einfacher Weise Grafiken zu erstellen, bietet Seaborn auch Datensätze an, die man zur Veranschaulichung der Funktionsweise nutzen kann. Dadurch können wir uns bereits mit den Funktionen vertraut machen, ohne selbst über eigene Daten verfügen zu müssen. Um die Datensätze zu laden, reicht es aus, den Namen des Datensatzes als Zeichenketten (`str`) zu übergeben, wie nachfolgend gezeigt:

```python
cars = sns.load_dataset("mpg")
titanic = sns.load_dataset("titanic")
tips = sns.load_dataset("tips")
```

Die Funktion gibt ein Pandas `DataFrame`-Objekt zurück, mit dem folglich alle zugehörigen Datenoperationen durchgeführt werden können (vgl. Kapitel 3).[36]

---

[35] Vgl. hierzu https://seaborn.pydata.org/api.html

[36] Alle Datensätze, die genutzt werden können, finden sich im folgenden Github-Repository: https://github.com/mwaskom/seaborn-data. Die Datensätze sind durch Komma getrennte Dateien (*.csv). Der Titanic-Datensatz hat den Dateinamen „titanic.csv". Die load_dataset() Methode benötigt also nur den Dateinamen, ohne die Endung, um den Datensatz zu laden.

## 6.2.1 Kategoriale Daten drucken

Mit Seaborn lassen sich Grafiken unterschiedlicher Art erstellen, wie wir gleich genauer sehen werden. Hierzu können nicht nur numerische Daten genutzt werden, sondern auch kategoriale bzw. nominalskalierte Daten. Genau damit werden wir nun beginnen und kategoriale Daten mit dem sogenannten „Categorical plot" erstellen. Als Datengrundlage nutzen wir den „Tips"-Datensatz (Trinkgeld), den wir über die `load_dataset()`-Funktion aufrufen. Die `catplot()`-Funktion kann unterschiedliche Parameter erhalten, wobei einer der beiden Achsen-Werte (x, y) ein numerischer Datentyp sein muss. Wie in Code-Syntax 6-10 gezeigt, stellt der x-Parameter den Wochentag dar und der y-Parameter wiederum den Gesamtrechnungsbetrag.

*Code-Syntax 6-10: Kategoriale Daten abbilden*

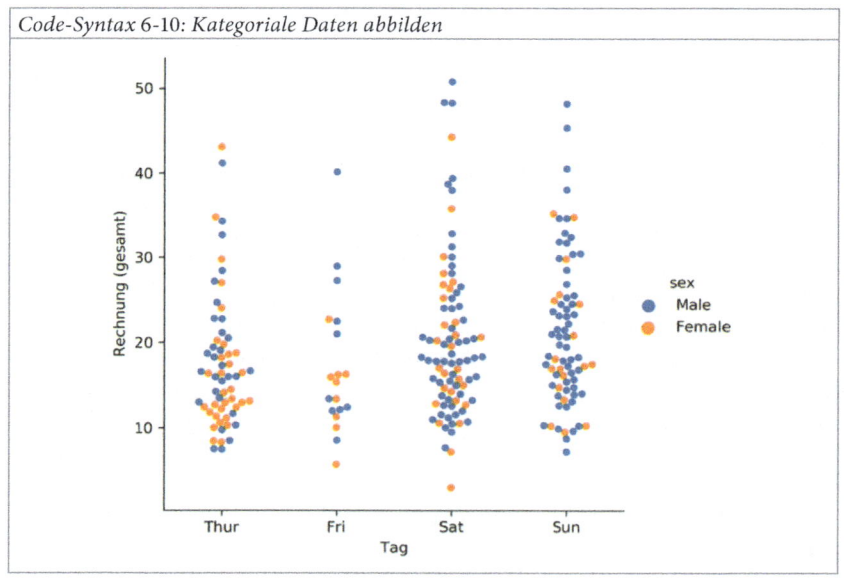

```python
# Datensatz laden
tips = sns.load_dataset("tips")

# Grafik konfigurieren
conf = {
    "x": "day",
    "y": "total_bill",
    "hue": "sex",
    "kind": "swarm",
    "data": tips,
}

# Grafik erstellen
f = sns.catplot(**conf)

# Grafik beschriften
labels = ("Tag", "Rechnung (gesamt)")
f.set_axis_labels(labels)

# Grafik anzeigen
plt.show()
```

Mit dem Parameter hue können wir zusätzlich bestimmen, wie die unterschiedlichen Datenpunkte eingefärbt werden sollen. Hierdurch lassen sich die Daten also optisch unterteilen. In unserem Beispiel färben wir die Daten entsprechend der Variable „Geschlecht" ein. Mit dem Parameter kind geben wir wiederum an, welche Art von Grafik wir erhalten wollen. Wir verwenden hier den Wert „swarm" und lassen uns die Daten dadurch von einem Algorithmus berechnen, sodass die Punkte sich nicht überlappen; die einzelnen Punkte „schwärmen" also gewissermaßen aus. Dies gelingt besonders gut bei kleineren Datensätzen und ist in der dazugehörigen Abbildung dargestellt. Wie im Code-Beispiel ebenso zu sehen ist, speichern wir unsere Grafik in ein neues Objekt (f für „Figure"), wodurch uns bestimmte Methoden des Objektes zur Verfügung stehen. Unter anderem können wir so die Achsen-Bezeichnung wählen.

Die Stärke von Seaborn liegt nun darin, umfangreiche Grafiken mit wenigen Zeilen Programmcode erstellen zu können. Der Funktion catplot() lassen sich weitere Parameter übergeben, etwa col und row. Dadurch können die Grafiken zusätzlich in Zeilen und Spalten aufgeteilt werden. So könnten wir die Grafiken etwa getrennt nach den Tagen darstellen wollen und zusätzlich danach unterteilen, ob Raucher bzw. Nichtraucher mehr oder weniger Geld für ihr Essen ausgeben. Der Programmcode für die entsprechende Abbildung ist in Code-Syntax 6-11 aufgezeigt.

6.2 Daten visualisieren mit Seaborn

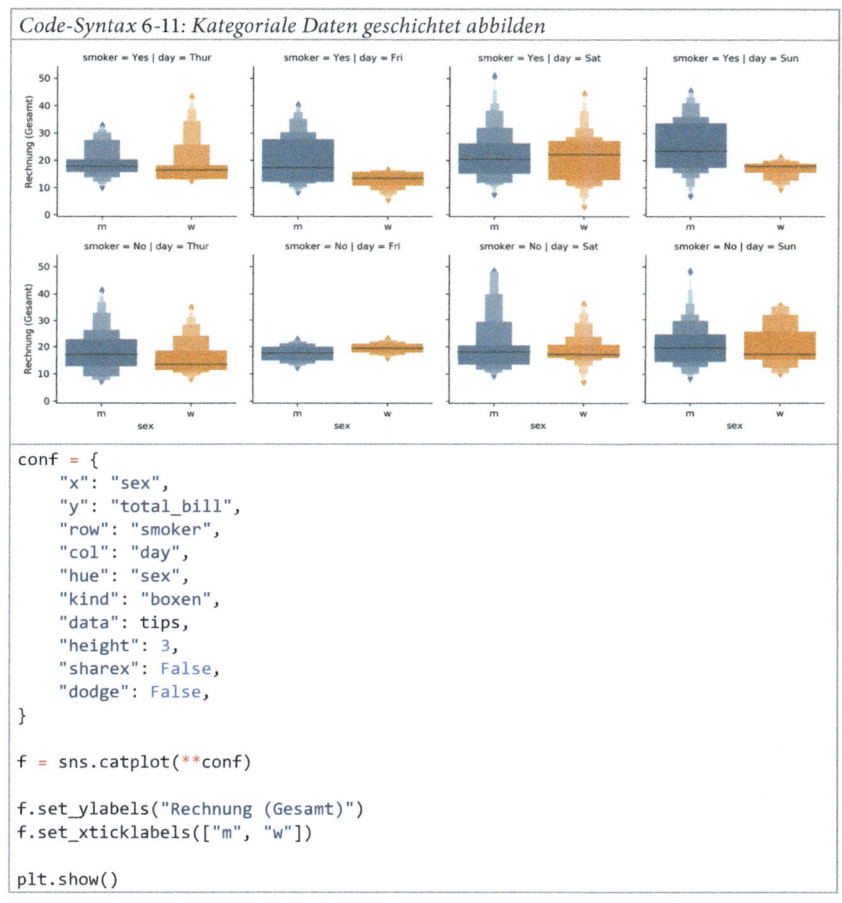

*Code-Syntax 6-11: Kategoriale Daten geschichtet abbilden*

```
conf = {
    "x": "sex",
    "y": "total_bill",
    "row": "smoker",
    "col": "day",
    "hue": "sex",
    "kind": "boxen",
    "data": tips,
    "height": 3,
    "sharex": False,
    "dodge": False,
}
f = sns.catplot(**conf)

f.set_ylabels("Rechnung (Gesamt)")
f.set_xticklabels(["m", "w"])

plt.show()
```

### 6.2.2 Scatterplot

Auch das Erstellen von Streudiagrammen ist mit Seaborn denkbar einfach. Der Programmcode in Code-Syntax 6-12 zeigt, wie dies mit diesem Paket realisiert werden kann. Wir verwenden dabei zusätzliche Parameter, um die Grafik informativer zu gestalten. Wie im Beispiel-Code zu sehen ist, wird die Methode **scatter()** aufgerufen, um eine Punktwolke zu generieren. Die zusätzliche Verwendung von einem **Axes** Objekt, vereinfacht dabei die spätere Beschriftung, aber auch die

*Code-Syntax 6-12: Streudiagramm mit variierender Farbe und Punktgröße*

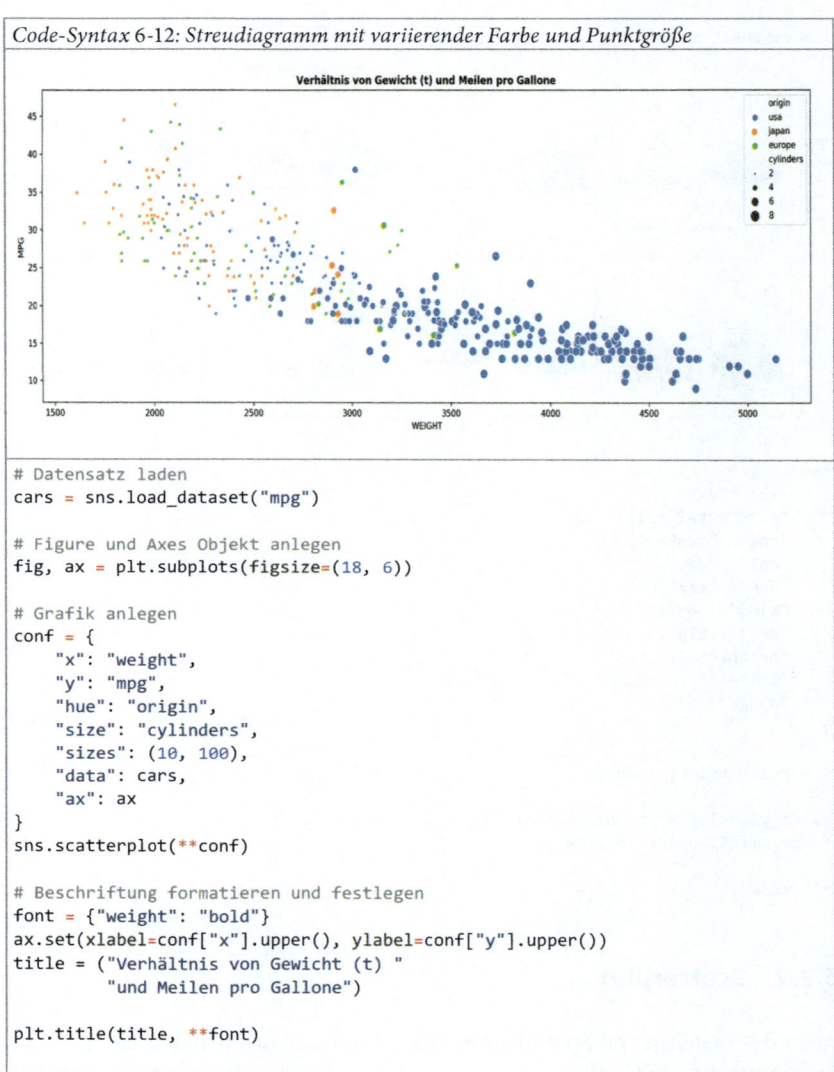

```
# Datensatz laden
cars = sns.load_dataset("mpg")

# Figure und Axes Objekt anlegen
fig, ax = plt.subplots(figsize=(18, 6))

# Grafik anlegen
conf = {
    "x": "weight",
    "y": "mpg",
    "hue": "origin",
    "size": "cylinders",
    "sizes": (10, 100),
    "data": cars,
    "ax": ax
}
sns.scatterplot(**conf)

# Beschriftung formatieren und festlegen
font = {"weight": "bold"}
ax.set(xlabel=conf["x"].upper(), ylabel=conf["y"].upper())
title = ("Verhältnis von Gewicht (t) "
         "und Meilen pro Gallone")

plt.title(title, **font)

# Grafik anzeigen
plt.show()
```

Festlegung der Abbildungsgröße (durch den Parameter `figsize`). Auch hier ist es möglich, den hue Parameter zu nutzen, mit dessen Hilfe sich die einzelnen Punkte einfärben lassen.[37] Zur Farbvergabe verwenden wir in unserem Beispiel die Herkunft des Autos. Zusätzlich bestimmen wir mithilfe des Parameters `size` die Größe der Punkte. Hierzu nutzen wir das Merkmal „Zylinder". Je größer also der Punkt ist, desto mehr Zylinder hat das entsprechende Auto. Mit dem `sizes` Parameter geben wir wiederum das Verhältnis der Punktgröße an. Wir übergeben dem Parameter hier ein `Tuple` mit den minimal und maximal Werten, die dazu genutzt werden, die `size` Größen entsprechend zu skalieren (bzw. zu normalisieren). Dieses Vorgehen ist selbstredend auch bei anderen Daten und mit anderen Merkmalen möglich. Wenn es sich etwa um sozial-statistische Berechnungen handelt, ist es denkbar, die Anzahl der Bevölkerung in einem Land zu nutzen, um die Punktgröße zu bestimmen.

In der Grafik können wir deutlich erkennen, dass schwere Autos, die mehr Zylinder besitzen und zudem weniger Reichweite haben, vor allem in den USA produziert werden. Ferner sehen wir einen deutlichen Trend, der auf einen Zusammenhang zweier Merkmale hindeutet (das Gewicht beeinflusst den Spritverbrauch). Im nächsten Abschnitt wird gezeigt, wie solche Zusammenhänge grafisch dargestellt werden können.

### 6.2.3 Zusammenhänge mit Regplot und Jointplot darstellen

Oftmals wollen wir überprüfen, ob ein Zusammenhang zwischen zwei Variablen besteht. In Seaborn können wir uns dies mit dem sogenannten „Regressionsplot" oder „Jointplot" veranschaulichen. Beide Formen werden in Code-Syntax 6-13 gegenübergestellt. Bei einem „Jointplot" handelt es sich um die Verbindung zweier Grafiken. Neben dem Zusammenhang wird bei einem Jointplot auch die Distribution der Daten dargestellt, so können wir uns so zum Beispiel eine Grafik erstellen, die neben dem Datenzusammenhang auch noch die Häufigkeitsverteilung zeigt. Zusätzlich kann mithilfe des Parameters `kind` bestimmt werden, welche Art der Grafik ausgegeben werden soll. In unserem Beispiel haben wir „reg" für Regression angegeben, als Standard wird sonst „scatter" (Scatterplot) verwendet.

---

37 Die Einfärbung kann durch den palette Parameter bestimmt werden, der den meisten, wenn nicht gar allen Abbildungen zur Verfügung steht. Eine Übersicht der Farbpaletten bzw. Farbcodes findet sich auf der folgenden Webseite: https://seaborn.pydata.org/api.html#color-palettes.

| Code-Syntax 6-13: *Regressionen einfach und kombiniert darstellen* ||
|---|---|
| cars = sns.load_dataset("mpg")  # Datensatz ||
| **Regplot** | **Jointplot** |
| ```# Figure und Axes Objekt anlegen
fig, ax = plt.subplots(figsize=(8, 8))

# Grafik anlegen
conf = {
    "x": "weight",
    "y": "mpg",
    "data": cars,
    "ax": ax
}
sns.regplot(**conf)

# Grafik anzeigen
plt.show()``` | ```conf = {
    "x": "weight",
    "y": "mpg",
    "kind": "reg",
    "data": cars,
    "height": 8,
    "ratio": 6,
}

f = sns.jointplot(**conf)
f.set_axis_labels("Gewicht", "Meilen pro Gallone")

# Grafik anzeigen
plt.show()``` |

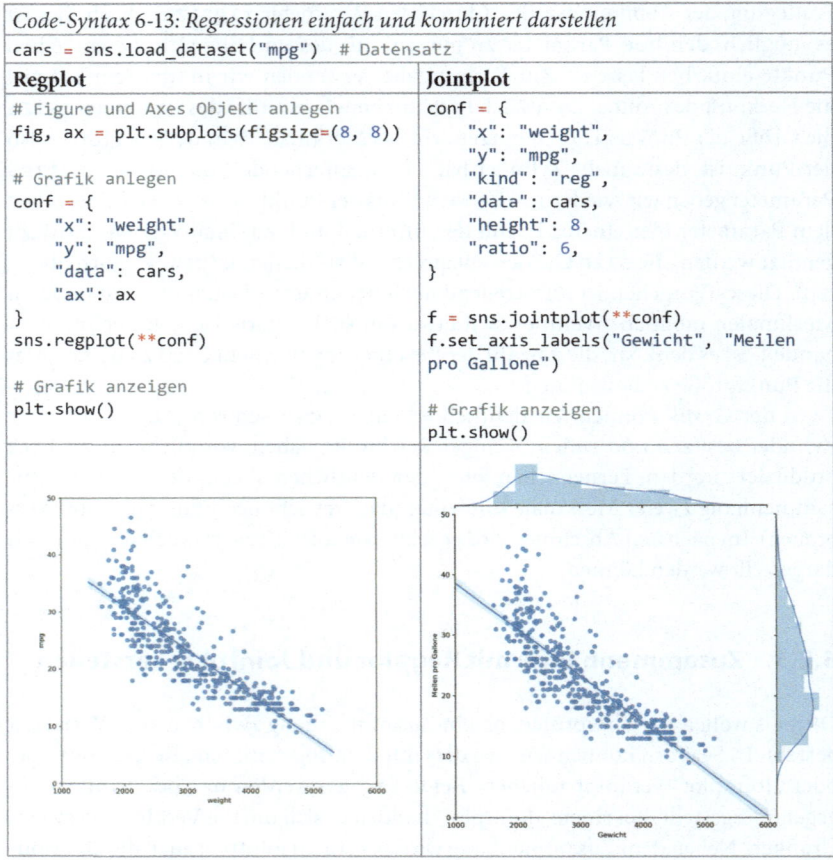

## 6.2.4 Heatmaps in Seaborn erstellen

Eine weitere Grafik, die optisch sehr beeindruckend ist und mit ebenso wenig Aufwand erstellt werden kann, ist eine sogenannte „Heatmap". Dabei handelt es sich um eine Abbildung, deren Bereiche sich je nach Wert entsprechend einfärben. Eine Heatmap zählt zu den sogenannten „Matrix Plots", ist intuitiv zu verstehen und trägt daher besonders gut dazu bei, sich einen Überblick über die Daten zu verschaffen. Um zu demonstrieren, wie eine Heatmap mit Seaborn erstellt wird, werden wir zum einen auf den „Titanic"-Datensatz zurückgreifen; zum anderen werden wir Daten nutzen, die wir uns im Rahmen des Kapitels zur Datenerhebung beschafft haben (vgl. Abschnitt 4.2).

Eine Heatmap erstellen wir grundsätzlich mit aggregierten Daten. Zur Aggregation nutzen wir die `pivot_table()` Methode, die einem `DataFrame` Objekt zur Verfügung steht (eine gleiche Funktion existiert auch in Microsoft „Excel"). Wir erstellen also eine Datenmatrix und legen fest, welche Kategorien unsere Zeilen und welche unsere Spalten sein sollen. Zudem müssen wir bestimmen, welches Merkmal uns die Datengrundlage liefert. Exemplarisch interessiert uns nun einmal die Überlebensquote beim Titanic-Unglück, wobei wir analysieren wollen, ob die Klasse und das Geschlecht hierbei eine Rolle spielten. Dies ist in Code-Syntax 6-14 demonstriert. Die Merkmale „Klasse" und „Geschlecht" bilden dabei unsere Zeilen- (bzw. Index-) sowie Spalten-Kategorien. Die Werte, die uns zur Berechnung dienen, erhalten wir aus dem Merkmal „überlebt" („survived"). Zur Erinnerung: Die Spaltennamen sind im `columns`-Attribut des `DataFrame`-Objektes gespeichert und können – hier bezogen auf den Titanic-Datensatz – mit `titanic.columns` (ohne Rundklammern) abgefragt werden. Außerdem müssen wir angeben, *wie* die Werte aggregiert werden sollen. Bei der `pivot_table()` Methode ist als Standard ist der Mittelwert festgelegt. Wir könnten jedoch auch andere Funktionen zur Berechnung angeben (dies geschieht im zweiten Beispiel).

*Code-Syntax 6-14: Pivot-Tabellen mit Pandas erstellen*
```
# Datensatz laden
titanic = sns.load_dataset("titanic")

# Pivot-Tabelle generieren
params = {
    "columns": "class",
    "index": "sex",
    "values": "survived",
    "aggfunc": "mean",
}
titanic_pivot = titanic.pivot_table(**params)
```

Jetzt können wir die Heatmap erstellen. Anders als in den bisherigen Beispielen, übergeben wir der Funktion `heatmap()` nicht die einzelnen Werte für die x- und y-Achse, sondern den kompletten Datensatz bzw. die Pivot-Tabelle, wie in Code-Syntax 6-15 zu sehen ist. Die resultierende Heatmap zeigt in diesem Fall

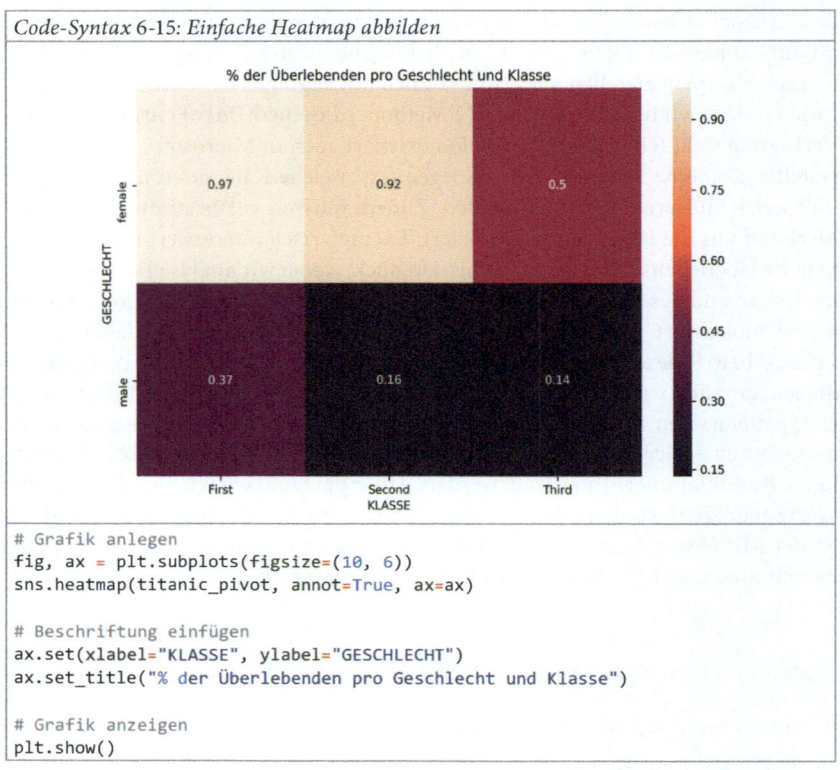

```
# Grafik anlegen
fig, ax = plt.subplots(figsize=(10, 6))
sns.heatmap(titanic_pivot, annot=True, ax=ax)

# Beschriftung einfügen
ax.set(xlabel="KLASSE", ylabel="GESCHLECHT")
ax.set_title("% der Überlebenden pro Geschlecht und Klasse")

# Grafik anzeigen
plt.show()
```

Nun sind die Titanic-Daten recht überschaubar und daher spielt die Heatmap hier noch nicht ihre Stärken aus. Dies wird im nächsten Beispiel jedoch deutlicher. Dazu fragen wir uns, wann auf der Nachrichten-Webseite *www.spiegel.de*, speziell im Ressort „Wirtschaft" sowie in den Jahren von 2000 bis 2018, die meisten Artikel verfasst worden sind? Eine komplexe Frage, die sich jedoch mit einem Blick auf die Abbildung in Code-Syntax 6-16 beantworten lässt. Dort sehen wir relativ eindeutig, dass sowohl im September 2009, als auch im Mai 2012 vergleichsweise viele Artikel im Ressort „Wirtschaft" erschienen sind (konkret: 09/2009: n=627; 05/2012: n=614), was wir an der sehr hellen Färbung der einzelnen Kacheln erkennen können. Und wann wurden die wenigsten Artikel geschrieben? Genau, in den drei Monaten von November 2002 bis Januar 2003 (n: 6, 14, 42). Dies erkennt man wiederum an der sehr dunklen Einfärbung.

## 6.2 Daten visualisieren mit Seaborn

*Code-Syntax 6-16: Heatmap mit komplexer Konfiguration*

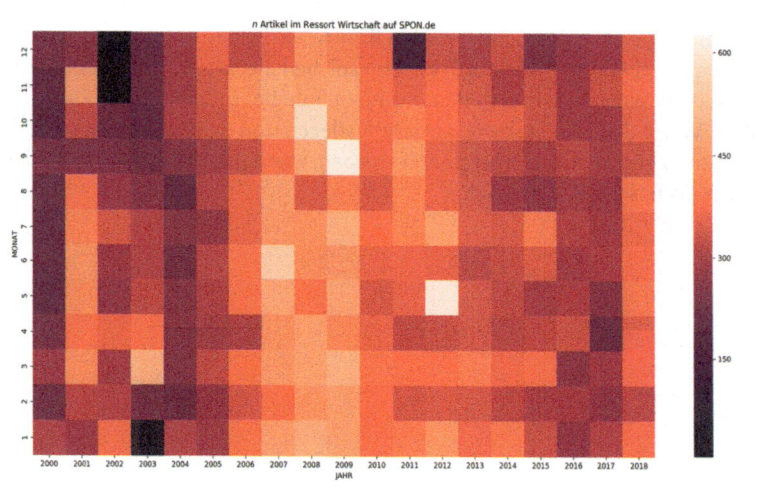

```
import pandas as pd
import numpy as np
import seaborn as sns
import matplotlib.pyplot as plt

# Daten einlesen
spon = pd.read_csv("spon-archive.tsv", sep="\t")
spon = spon[(spon.year >= 2000) & (spon.year < 2019)]

# Pivot-Tabelle erstellen
pivot = {
    "columns":"year",
    "index":"month",
    "values": "dummy$wirtschaft",
    "aggfunc": np.count_nonzero,
}
spon_pivot = spon.pivot_table(**pivot)
spon_pivot.sort_index(ascending=False, inplace=True)

# Grafik erstellen
fig, ax = plt.subplots(figsize=(16, 10))
sns.heatmap(spon_pivot, ax=ax)

# Beschriftungen hinzufügen
ax.set(xlabel="JAHR", ylabel="MONAT")
ax.set_title("$n$ Artikel im Ressort Wirtschaft auf SPON.de")

# Grafik anzeigen
plt.show()
```

In diesem Beispiel haben wir zur Aggregation der Daten nicht den Mittelwert genutzt, sondern eine andere Funktion. Die Funktion stammt aus dem NumPy-Paket und zählt alle Werte, die nicht den Wert 0 aufweisen. Dies bietet sich besonders bei sogenannten „Dummy"-Variablen an, also solchen die mit „0" und „1" codiert sind. Mit anderen Worten, wir erstellen die Pivot-Tabelle, indem wir als Index- sowie Spalten-Werte den Monat sowie das Jahr festlegen und dann zählen, wie oft die „1" vorkommt. Diese wurde immer dann vergeben, wenn das Ressort des erschienenen Artikels „Wirtschaft" entsprach.

# Ausblick 7

**Zusammenfassung**

In diesem Kapitel werden weiterführende Links bereitgestellt, um sich intensiver mit Python zu beschäftigen.

**Schlagwörter**

Python, Machine Learning, Natural Language Processing, NLTK, SpaCy, Keras, Tensorflow

Auf den vorangegangenen Seiten wurde gezeigt, dass der Einstieg in die Programmiersprache Python sehr einfach sein kann, und sich kleine sowie größere Forschungsprojekte entsprechend schnell und zielführend umsetzen lassen. Die Python-Gemeinschaft ist groß und die Sprache selbst eine der beliebtesten – das ist auch der Grund, warum hier nur ein kleiner Einblick gegeben werden konnte. Es lohnt sich also sehr, sich detaillierter mit den existierenden Bibliotheken auseinanderzusetzen. Außerdem haben wir in diesem Buch keine `Klassen`-Objekte besprochen, auch wenn wir diese stets angewendet haben. Auch hier lohnt sich eine weiterführende Betrachtung. Zur Programmierung in Python existieren auch zahlreiche Blogs, die mit ebenso zahlreichen Tutorials aufwarten. Nachfolgend sind daher einige Links aufgelistet, die einen Startpunkt für die intensivere Auseinandersetzung sein können.

| | |
|---|---|
| Python allgemein | Python-Dokumentation: https://docs.python.org/3/<br>Hitchhiker's Guide to Python: https://docs.python-guide.org/<br>Awesome Python: https://python.libhunt.com/ |
| Maschinelles Lernen | Scikit-Learn: https://scikit-learn.org/stable/index.html<br>Keras: https://keras.io/<br>TensorFlow: https://www.tensorflow.org/<br>Theano: http://www.deeplearning.net/software/theano/ |
| Natural Language Processing | NLTK: https://www.nltk.org/index.html<br>SpaCy: https://spacy.io/ |
| Visualisierung | Plotly: https://plot.ly/python/<br>Dash: https://plot.ly/products/dash/ |
| Blogs | Module of the week: https://pymotw.com/3/<br>Planet Python: https://planetpython.org/<br>Real Python: https://realpython.com/<br>Practical Business Python: https://pbpython.com/ |

Wesentlich für das Verständnis und Gelingen der eigenen Projekte sind stets die Neugier und vor allem der Spaß daran, Rätsel zu lösen, denn nichts anderes ist Programmieren: Das Rätsel, dem Computer Anweisungen zu geben, die mit einem Klick zum Ergebnis führen.

# Weiterführende Literatur

Anaya, M. (2018). Clean Code in Python. Refactor your legacy code base, Birmingham: Packt Publishing.
Ernesti, J., & Kaiser, P. (2018). Python 3. Das umfassende Handbuch: Sprachgrundlagen, Objektorientierte Programmierung, Modularisierung, 5. akt. Aufl., Bonn: Rheinwerk Computing.
Hajba, G. L (2018). Website Scraping with Python. Using BeautifulSoup and Scrapy, Berkeley, CA: Apress. https://doi.org/10.1007/978-1-4842-4267-4.
Kazil, J., & Katharine, J. (2016). Data Wrangling with Python, Sebastopol, CA: O'Reilly.
Kulkarni, A., & Shivananda, A. (2019). Natural Language Processing Recipes. Unlocking Text Data with Machine Learning and Deep Learning using Python, Berkeley, CA: Apress. https://doi.org/10.1007/978-1-4842-4267-4.
Lee, K. D., & Hubbard, S. (2015). Data Structures and Algorithms with Python, Cham: Springer.
Lutz, M. (2013). Learning Python, 5. Aufl., Sebastopol, CA: O'Reilly.
Oram, A., & Wilson, G. (2007). Beautiful Code, Sebastopol, CA: O'Reilly.
Perkins, J. (2014). Python 3 Text Processing with NLTK 3 Cookbook. Over 80 practical recipes on natural language processing techniques using Python's NLTK 3.0, 2. Aufl., Birmingham: Packt Publishing.
Phillips, D. (2018). Python 3 Object-Oriented Programming. Build robust and maintainable software with object-oriented design patterns in Python 3.8, 3. Aufl., Birmingham: Packt Publishing.
Ramalho, L. (2015). Fluent Python, Sebastopol, CA: O'Reilly.
Steyer, R. (2018): Programmierung in Python. Ein kompakter Einstieg für die Praxis, Wiesbaden: Springer.
Theis, Th. (2017). Einstieg in Python: Programmieren lernen für Anfänger, 5. akt. Aufl., Bonn: Rheinwerk Computing.
vanden Broucke, S., & Baesens, B. (2018). Practical Web Scraping for Data Science. Best Practices and Examples with Python, Berkeley, CA: Apress. https://doi.org/10.1007/978-1-4842-3582-9